JN440447

세상의 존귀하신 분들께

사람의온기가그립습니다여류시인29명이당신에게들꽃같은편지를씁니다

세상의 존귀하신 분들께

저자 유현숙 외 28

건강신문사
www.kksm.co.kr

달

-다시 B에게

1

당신이 계신 곳은 아득했다. 당신 또한 마치 선계仙界인듯 눈부시게 황홀했고 한어동閑漁洞은 서럽도록 혼곤했다. 그러나 나는 그 혼곤함을 감추고 당신을 흠모했다. 위선의 가면으로 진실을 감춘 탓 인지 밤새도록 한기寒氣에 시달려야 했다. 그것마저 '창문이 열렸던 탓'이라며, 그래서 '얼마나 다행한 일이냐'며 능청을 떨기까지 했다.

먼 남쪽 당신은 취미가 '휘파람 부는 것'이라고 했고 '그렇지만 서툴다'고 했다. 그리고 간간이 아득하고 황홀하게 휘파람소리 같은 편지를 보내왔다. 그때마다 소용돌이 속으로 빨려 들 듯 침몰했고, 내륙의 피난벽지 농사꾼이었던 나는 감쪽같이 당신을 속이기 위해 이른 새벽 답장을 썼다. 내 청춘의 어느 하루.

2

어찌어찌 어렵게 당신의 전화번호를 알았지만 나는 쉽게 다이얼을 돌리지 못했다. 이따금 길거리에서, 교정에서, 강의실에서 마주치긴 했어도 당신은 내게 눈길 한 번 주지 않았다. 아무리 씻고 다듬고 아닌 척 해도 촌티를 벗어날 수 없는 한어동 촌놈에게, 당신이 눈길을 줄 리가 있나.

지극히 주관적일 수 있겠지만 당신은 세상에서 가장 화사하게 아름다웠고, 나는 곤궁하고 투박한 촌놈이었지. 그래도 용기를 내서 어느 하루 쿵쾅거리는 가슴을 애써 진정시키며 전화를 했지. 누군가 잠깐 기다리라며 전화를 바꿔주었어.

이윽고 수화기 너머로 들려오는 당신 목소리 "여보세요?"

그 순간 나는 말문이 막혔고, 몇 번 "여보세요?" 하던 당신은 수화기를 내려놓았어. "찰칵!"

그리고 끝이었지.

하루가 어떻게 지났는지… 일몰이 오고 자취방으로 터벅터벅 돌아오는 늦은 밤, 나는 그때까지 꼬깃꼬깃 쥐고 있던 당신의 전화번호를 버렸어. 내 청춘의 어느 하루.

달빛은 그날따라 왜 또 그리도 어지러운지. 지금도 나는 비틀거리고 있어.

2020년 11월 10일

발행인 **尹承天**

윤승천

1984년 ≪문예중앙≫시 당선. 숙명여대 범대학문학상, 전남대 용봉문학상, 충북대 개신문학상 등 수상. since1984년 의학전문기자, 의료평론가, (주)건강신문사 발행인 & 대표. 시집『한어동』외

목차

진달래꽃이 필 때마다

당신의 들꽃

사랑하는 아들에게

그리움 저 너머

택배 할아버지께

권이화

마지막 과실들을 익게 하시고
이틀만 더 남국의 햇볕을 주시어
그들을 완숙케 하여
마지막 단맛이 진한 포도주 속에 스며들게 하십시오.

릴케「가을날」_부분

할아버지, 가을의 소리를 듣고 계시나요? 저는 저녁 무렵 산길을 걸었습니다. 곱게 물든 단풍과 국화와 모과가 있는 오솔길은 소곤소곤 가을의 정취가 무르익어 갑니다. 마스크를 썼지만, 릴케의「가을날」을 외며 야위어가는 햇빛을 쬈습니다. 앞서거니 뒤서거니, 행인들과 검은 고양이와 이름 모를 새의 울음과 동행하며 깊게 햇살을 들이켰습니다. "이틀만 더 남국의 햇볕"을 달라는 시구처럼 여전히 햇볕이 할 일이 많은 때라고 생각하면서요.

두 달여 동안 할아버지가 보이지 않아 걱정을 하고 있습니다. 혹 아프신 건 아닌지, 좋은 일로 쉬시는 건지 안부가 궁금합니다. 얼마 전 텔레비전에서 배송기사님이 과로로 인해 유명을 달리한 안타까운 소식을 접했습니다. 그 뒤 며칠 연속해서 자의반 타의반, 유명을 달리한 택배노동자들의 뉴스를 보고 마음이 아팠습니다. 할아버지께서도 같은 일을 하시는데 일이 무척 고되다는 점이 염려가 됩니다.

평소 할아버지는 무척 예의바르셨습니다. 왜소한 체구신데, 운반카트에 실린 배송량이 너무 많아 힘들지 않으시냐 여쭈어보면 웃는 얼굴로 괜찮다고 하셨지요. 꼭 현관까지 갖다 주시고, 메모를 하시고, 운송장 사진을 찍으시고, 그리고 만나지 못할 땐 문자 또는 전화를 주시는 등 자주 저를 감동하게 했습니다. 돌이켜 생각해보니, 할아버지의 내면으로부터 우러나와 자연스럽게 몸에 밴 봉사정신 같은데요, 직업적인 예절을 넘어 희망과 신뢰로 고객을 대하는 성실함, 책임감이란 생각이 들어 숙연해집니다.

그럼에도 불구하고, 할아버지의 감정, 기분, 마음, 불안 등 너무나 많은 걸 모릅니다. 그저 그런가보다 했었지 그 이면에 자리한 진정한 '내면의 상태'를 배려나 돌봄으로 살피지 못했던 건 아닌지 돌아봅니다. 모든 것이 우리가 만든 환경일 텐데 택배업의 현장에서 일어나는 일을 대다수 사람들은 잘 모르기에 뜻밖의 뉴스에 놀랐으니까요. 그 후 많은 이들의 응원과 관심을 비롯해 회사에서 인력투입을 하겠다는 소식을 들었습니다만, 하루빨리 안심하고 일할 수 있는 좋은 일터로 개선되기를 바라고 있습니다.

할아버지, 현재 우리는 위기라고 합니다. 팬데믹(세계적으로 전염병이 대유행하는 상태)이라는 심각한 사태를 맞아 어디를 가든 마스크를 착용해야 하고 서로서로 떨어져야 하는 사회적 거리두기란 생소한 경험을 하고 있습니다. 지금껏 해오던 생활 패턴을 바꿔야 한다고 합니다. 혹 팬데믹이란 것이 인간의 탐욕에서 비롯된 형벌인 건 아닐까요? 어떤 것이든 우연히 오는 것은 없으니까요.

우리가 원하는 걸 얻기 위해 이룩한 눈부신 발전이 자연을 거스르고 파괴했습니다. 그만큼 자연을 희생시켰다고 합니다. 늘 자연은 우리 편이고, 그것이 정상이라고 생각해 왔는데, 생태계가 깨져 기상이변이 일어나고 숨 쉬는 걸 조심해야 되는 현실이 되었습니다. 이 모든 것이 '이 또한 지나갈 것이다'가 아니라, 이 지점에서부터 기존의 환경과는 다른 환경을 이루고 살아갈 거라고 합니다. 외부활동이 줄어들고 경제나 사회 문화, 보편적 평등과 기회의 문제, 도덕이나 윤리까지 변해갈 거라고 합니다. 모두 우리가 만든 것이라는 겁니다.

할아버지, 이러한 문제들을 어떻게 풀어야 하는 걸까요. 갑작스러운 상황을 맞아 너무 힘이 듭니다만, 먹고 사는 방식이 변하고, 익숙했던 본연의 역할도 불화가 일고 사람들은 병을 앓기도 합니다만, 모든 건 계속 변해 가는 중이라는 걸 한 번 더 상기하는 계기가 된 건 아닐까요.

그러므로 위기는 새로운 우리를 만나는 과정으로 받아드려야 한다고 마음을 다잡습니다. 팬데믹뿐만 아니라, 갈수록 온갖 범죄와 사고, 착취와 억압, 차별이 넘쳐나고, 인간에 대한 존엄과

존중을 상실한 포악한 군상들이 절망감을 안겨주지만, 고통을 겪다보면 그것을 극복할 힘과 용기가 생긴다는 걸 알게 됩니다.

과학자는 과학으로, 의학자는 의학으로, 경제학자는 경제학으로, 또 선생님은 선생으로서, 어머니는 어머니로서 등등, 각각 무엇을 선택해야 하는지 알게 되는 거지요. 늘 해왔듯이 다음으로 가기 위해 무엇을 결정해야 하는지 고통이 묻고 있으니까요. 또한 늘 그래왔듯이 우리 스스로의 훈련과 시련을 통해 건강한 우리로 나아갈 수 있으리라 믿고 있으니까요. 공동으로 위기감을 경험하면서 이웃과 가족은 더욱더 애틋할 것이고, 몸(자연)을 소중히 하며, 온라인쇼핑으로 폭발적으로 늘어난 택배 물량도 회사와 고객, 배송기사님 모두가 아픔을 겪은 만큼, 머리를 맞대고 해결의 실마리를 찾아가듯이 문제를 외면하지 않을 겁니다. 알고 보면, 산다는 건 이렇듯 해를 따라 산을 넘고 물을 건너는 것이며, 비바람과 눈보라를 헤치며 해를 맞고 해를 보내는 것이라고 생각합니다.

할아버지, 작년 5월 북유럽 여행 중 노르웨이의 지폐에 <태양>이 그려져 있는 걸 보았습니다. 그 나라는 낮에도 해가 금세

지는 긴 어둠을 견디며 겨울을 지냅니다. 그러다 봄이 되면 어둠과 불안을 뚫고 태양은 수평선에 솟아올라 강렬하게 빛나고 있습니다. 지폐를 보는 순간 간밤의 걱정은 눈 녹듯이 사라지겠지요. 〈태양〉을 그린 뭉크는 불행 한가운데서 불안을 그리던 화가였지만, 마찬가지로 불행 속에서 그림을 그리던 고흐의 색채에서 밝게 빛나는 희망의 빛을 보았다고 합니다. "과실들을 익게" 하는 햇빛이었습니다. 해는 어둠에서 태어나 바람이 불어오면 흔들리면서, 자신만의 빛으로 만물에 눈부신 색을 입히며, 삶의 의미와 목적을 익히고 있었습니다. 뭉크 또한 빛나는 작품을 남기며 자연의 법칙을 따라 변화하고 익어갔습니다.

할아버지, 지금은 어두운 터널을 지나고 있다고 생각합니다. 여전히 햇볕이 따뜻하게 비추고, 단풍은 곱고 모과는 익어가고요. 서로를 바라보며 비춰줍니다. 저도 마스크를 쓰고 지나가는 사람들에게 용기와 위로와 격려의 마음으로 눈길을 보냈습니다. 눈빛이 마주칠 때는 마음이 따뜻해지더군요. 이제 우리는 서로를 보게 되고, 서로에게 또 하나의 햇살이 될 수도 있다는 생각을 하니 이 위기도 두려울 게 없으며 자연스럽게 흘러갈 수 있겠다는 희망이 생겼습니다.

할아버지, 예전처럼 얼른 할아버지를 뵐 수 있기를 간절히 바라고 있습니다. 혹 일을 그만 두셔서 만나지 못하는 거라면 부디 건강하게 오래오래 행복하시길 빕니다.

권이화

2014년 ≪미네르바≫로 등단. 시집『어둠을 밀면서 오래달리기』

Lee형에게

권정일

형, 그곳은 건강한지요.

형, 지금 우리 모두모두는 침잠의 나날입니다. 격리의 나날입니다. 유폐의 나날입니다. 비대면 온라인이 주류로 자리를 잡고 만 가운데 특히 집 콕이 길어지면서 사람과의 만남도 온라인으로 이뤄지고 있습니다. 디지털 동반자가 되어가고 있습니다. '랜선 라이프'가 거스를 수 없는 삶의 형태가 된 지 오래입니다. 이 글을 쓰고 있는 지금 이 순간에도 코로나 바이러스는 확산되고 있습니다. 비대면 일상이 되었습니다.

형, 예전엔 자기 자신과 교감을 나누는 것이 침잠이라고, 침잠이라는 말 참 좋아했지요? 가슴의 소리에 귀 기울인다는 명목으로 침잠을 즐기곤 했지요. 깊숙이 숨어 있는 속마음으로 데려다주는 고요 속에서는 겨울비가 내렸으니까요. 얼마든지 뛰쳐나가 비를 맞을 수 있었으니까요. 그런데 그게 아니었나 봅니다. 생활도 모자라고 계절감각도 떨어지고 관계의 단절에서 오는 인내심에 한계를 느끼는 걸 보면 말입니다. 알아차려 때로 멈추는 것이 지금은 최선의 길인 것 같습니다. 붉은 수수 빛깔 늦가을인데 늦게라도 가을을 타야 하는데 침잠이 길어지니 좀 황량합니다. 지금, 형의 침잠이 비참이 아니기를 간절히 바래봅니다.

해결책이 딱히 없는 것 같습니다. 바이러스가 아무리 생활 속을 파고들어도 사람의 마음을 저지할 수는 없을 것입니다. 고요하게 다스리면서 마음의 거리를 좁혀보는 수밖에. '종식'이라는 익숙하지 않은 말이 이렇게 뜨겁게 다가오기는 처음입니다.

형, 요즘 전 구스타브 쿠르베의 「만남, 혹은 "안녕하세요, 쿠르베 씨"」를 오래 바라보는 버릇이 생겼습니다. 도대체 왜 이렇게도 특별할 것 없어 보이는 이 그림이 마음을 출렁이게 하는지 이제야 알 것 같습니다. 그것은 모자를 벗어들고 평범하게 나누는 인사가 어느 순간 특별함으로 다가오기 때문일까요. "안녕하세요. 쿠르베 씨"하고 침방울이 튈 것 같은 이 광경이 얼마나 그리운지요. 마음 둘 데 없어 서성거릴, 선뜻 다가오는 사람이 많지 않아서 아니, 마음대로 다녀올 수 없어서, 말 붙이는 사람이 드물어서 저절로 사회적 거리두기를 실천하게 되는 형께 이렇게나마 안부를 묻습니다.

형, 와글와글한 세상에서 멀어진 지 오래되어서 거리두기가 자연스럽겠지만, 외로운 냄새가 튼튼한 보호막이 되어서 눈빛이며 한숨까지 거리를 둔 지 오래이겠지만, 마스크가 방호복처럼 튼튼하겠지만, 오늘도 햇빛과 바람과 노란은행잎과 거리두기를 실천하는 중이겠지만, 형은 아직도 그러하겠지만 조금만, 조금만 더 차가운 온도를 견디십시오.

형, 2020년 올 여름엔 유난히 비가 많았습니다. 55일 동안 내린 긴 장마에도 젖지 않았으니 우리는 그만큼의 거리가 확보되었겠군요. 그렇지만 우리는 호모사피엔스, 호모사피엔스입니다.

아직도 우리는 가여워서 인간이기도 합니다. 동물이든 나무든 사람이든 미물이든 살아 있는 모든 것들은 똑같은 숨결을 나눠 갖는다는 것. 이 삶을 건너는 한 방법이겠지요.

행복의 본질은 고요히 머무르는 능력에서 나온다지만 활짝 웃을 줄 아는 것도 고요한 능력에서 나오는 것이 아닐까요. 그날을 기다리고 또 기다립니다. 반드시 오고야 만다는 것도. 오늘은 이 땅 위에 남아 있는 첫 날이라고 했던가요. 절망하는 풍경을 볼 줄 알아야 춤추는 별도 볼 수 있는 거라고 형은 말했습니다. 살다가 생기는 아주 사소한 트러블이나 작은 소리까지도 삶의 한 조각이라고 했습니다. 삶은 해결하는 것이 아니라 겪어야 하는 것이라고 했습니다. 저는 형을 따라서 말했지요. 삶은 스쳐 지나가는 것이 아니라 기억 속에 묻혀 잊히는 것이라고요.

형은 피식 웃었습니다. 그 모습 이후 팬데믹만큼 넓은 거리가 되어 버렸습니다. 텅 빈 거리가 적적하여 그림자 속에 그림자 하나 더 새기며 길게 바다를 걸었습니다. 마스크와 함께 말입니다. 시시하다고 생각했던 말들이 속속들이 가슴 속에 번져왔습니다.

완전한 거리를 두기위해 바다를 빠져나와 차곡차곡 불안을 쌓아 올린 지하도 계단을 오르며, 그림자보다 더 긴 머리카락을 쓸어 올리며 '살아내야겠다' 혹은 '견뎌내야겠다'는 서정적인 문장을 형에게 전송합니다.

오늘은 가장 완벽하게 외로움을 잃어버린 날입니다. 산다는 것은 누군가의 말을 되풀이 하는 것 아닐까요. 삶의 안쪽을 수십 번 접어도 삶의 바깥은 한 치도 구겨지지 않습니다. 그냥 오고 갈 뿐입니다. 오고 감에는 리듬이 있어 생각의 길이 돌아가기도 하겠지요. "그래, 행복을 찾는 것은 고통을 설명하기 위하여 단지 필요한 글자일 뿐이다." 라고 코로나19에게 떠듬떠듬 고백하는 날입니다.

코로나19가 우리의 몸뿐만 아니라 마음마저 힘들게 만들고 있는 겁니다. 전문가들은 말합니다. 우울을 뜻하는 '코로나 블루(Blue)'를 넘어 분노로 폭발하는 '코로나 레드(Red)', 그리고 암담함과 좌절로 이어지는 '코로나 블랙(Black)'까지 호소하는 이들이 늘어나고 있다고 경고합니다. 그래서 자꾸 반으로 접히는 날이지만 그리고 또 접히는 날이지만 접히지 않는 꿈을 꿉니다. 그 뒤로 잠은 늘 넉넉합니다.

지금은 아무렇게나 아름다운 계절이니까요.

형, 침묵이 이해될 때까지 외로움도 아끼겠습니다. 형의 아픔도 잠깐의 요양이었으면 좋겠습니다. 태양에는 바라보기만 하는 해바라기는 없다고 그랬습니까? 분명 내일은 내일의 해가 뜰 것입니다. 그때 테이블을 중간에 두고 세상에 떠돌아다니는 이야기, 누구누구는 일확천금을 손에 쥐었대, 또 누구는 세상을 버렸대, 또 누구누구는… 그런그런 도란도란한 이야기, 대답 대신 꽃을 피워버린 편도나무에 대한, 마음에 넣어두고 꺼내지 못한 꼬깃꼬깃한 그렇고 그런 이야기를 합시다. 우리 안녕합시다.

그럼 이만 총총.

권정일

1999년 〈국제신문〉신춘문예 등단. 시집『어디에 화요일을 끼워 넣지』외 3권. 산문집『치유의 음악』, 부산작가상, 김구용문학상, 이주홍문학상 수상

가을이 깊어갑니다

권혁희

언니를 만나지 못하고 한 해가 다 가는 동안 덩굴식물처럼 자라는 불안이 온 마음을 덮었습니다. 어떤 모임에서든지 깨끗하게 차려입고 돋보이던 언니의 얼굴이 속을 태우는 동안 얼마나 많이 상했을까 조마조마합니다. 말싸움을 시작하던 어린 시절부터 중년을 지나 함께 늙어가는 오늘까지 언니와 분리된 기억이 거의 없습니다. 허술한 저를 곁에서 챙겨주는 일이 어느새 일상이 되었던 언니가 연락을 끊어버린 지난 일 년 동안 많이 허둥거렸습니다. 고속화도로 담벼락에 악착같이 빨판을 대고 무성하게 피어난 능소화가 여름 지나 붉은 함성으로 툭툭 떨어져 내릴 때 제 가슴도 그렇게 무너져 내렸습니다.

언니! 저는 지금 줄기보다 무거워진 씨앗 뭉치들을 이고 바람이 부는 대로 흔들리는 한강 갈대 군락지에 서 있습니다. 갈대 나라는 거대하게 출렁이는 파도 이랑과도 같고 우리 자매들이 곗돈 모아 나섰던 유럽행 비행기에서 만난 고공의 뭉게구름과도 같습니다. 언니를 부를 때, 올라오는 울컥한 통증이 갈대처럼 서걱이는 제 폰에 저장된 그리운 목록을 찾아 물끄러미 바라봅니다. 어쩌다 저장된 통화 녹음을 찾아 재생버튼을 누르니 책갈피로 눌러 말린 꽃잎 같이 빛 고운 목소리가 흘러나오네요. '그래그래 잘했어, 시우가 미국으로 공부하러간다~~~'

셋째오라버니가 암 진단을 받고 세상을 떠난 3월에서 6월 사이, 새움이 돋고 잎이 무성해진 언니의 절망은 끝내 오빠의 마지막 길도 외면하게 했습니다. 오빠를 안장하러 가는 영구차 안에서 따뜻한 유골을 손으로 더듬으며 백 살 모친상에서도, 몇 달 전 차례로 세상을 떠난 시부모님 상에서도 느껴보지 못한 참 친근한 죽음을 대면했습니다.

미국에서 뇌수막염에 걸린 열두 살 시우가 코로나에 갇혀 혼수상태라는 믿어지지 않는 소식을 끝으로 언니에게는 소식이 닿지 않습니다. 일 년 전, 시우가 썼다며 읽어주던 유학생 선발 작문이 한 구절이 떠오릅니다.

"우리 집은 주말에 아빠가 밥을 지으신다. 그럴 때 나는 부엌에서 들려오는 달그락거리는 그릇 소리가 참 듣기 좋다."

어린 조카 손의 글이지만 옛날식 아버지 밑에서 멋없는 유년을 보낸 저로서는 부럽고 가슴 따뜻한 문장이었습니다. 시우가 치열한 경쟁을 뚫고 선발된 교환학생 통지서를 들고 집안에서 온 방을 뛰며 기뻐했다던 모습이 눈에 선합니다. 시우가 미국이라는 멀고먼 나라로 가는 것도 모르고 어린 동생도 함께 뛰었다지요. 체류기간 동안 일체의 비용을 주체기관에서 담당한다는 유학 조건이 제게도 기쁘고 자랑스러웠습니다. 모든 기쁨 모든 자랑이 머잖아 이렇게 부질없어지기도 하네요.

중세시대의 페스트가 인류를 목까지 조여 왔다는 글을 읽을 때 그런 일이 있었구나, 하던 날들이 우리에게 있었지요. 그게 우리 일이 될 줄은 상상도 못했어요. 중국에서 코로나 감염 의심을 받는 우리 교민의 집에 밖에서 빗장을 지르고 대못을 박는 어처구나없는 영상이 온종일 티브이 화면을 달굴 때 손가락질을 하며 밥을 목으로 넘겼습니다. 그 시각 먼 나라에서 시우가 바이러스에 쓰러져 의식을 잃기까지 아빠엄마를 애타게 부르는 줄은 꿈에도 몰랐습니다.

언니! 우리들이 함께 자랄 때 밀린 방학숙제를 봐주고 입시 때면 밤새워 예상문제를 뽑아주던 셋째오빠도 세상을 떠났습니다. 이 해가 우리 가족들에게는 오빠가 이쪽 머리를 치고 시우가 저쪽 머리를 때리는 충격으로 온통 진흙수렁입니다. 밖으로는 한 해가 다 가도록 마스크로 얼굴을 덮고 살아야 하는 우환이고요. 뒤돌아보니 당연한 줄 알고 지금까지 걸어온 길이 새삼 가고 싶은 길이 되었습니다.

오빠는 성격대로 맘껏 돈도 벌고 지인들에게 사랑을 베풀고 가문의 대소사를 성심껏 챙기는 집안의 기둥이었습니다. 오빠가 떠나셨다는 소식을 듣고 많은 지인들이 와서 울어주었지요.

장례식장에서 형부가 언니의 근황을 전해주었습니다. 아무도 만나지 않고 말을 잃었다고요. 미국에서 몇 차례 수술을 마치고 시우가 돌아왔다고 했습니다. 코호트 격리를 마치고 재활병원을 돌며 손가락이 움직이기를, 뇌세포가 더듬어 깨어나기를 고대한다고 했습니다. 언니의 시간도 시우가 정지한 그 어디쯤에서 멈춘 걸까요?

저는 지금 지난 가을 언니와 함께 걷던 한강 둔치에 나와 키만큼 자란 갈대 사잇길을 걷고 있습니다. 저희가 옛날 친정에서 자랄 때의 이야기를 하며 앉기도 하고 서기도 하던 길이지요. 해를 바꾼 갈대숲은 여전한데 우리는 만나지 못하는 여정에 엇갈려 있습니다. 갈대나 강물이 사람보다 유구하다는 생각을 해 봅니다. 갈대숲에 파묻혀 희희낙락 셀카를 찍는 연인들을 피해주느라 저는 여기저기서 발걸음을 멈추기도 하고 종종걸음을 치기도 합니다. 오른쪽으로는 한강이 여전히 흘러갑니다.

가을햇살이 고기비늘처럼 튀어 오르는 강물을 바라보노라니 팔남매의 맏이이던 큰 오라버니의 죽음이 떠오릅니다. 우리가 유럽 여행을 마치고 돌아온 공항에서 한강에 투신한 오빠의 장례 소식을 들었습니다. 팔남매의 우상이고 부모님의 자존심이던 오라버니는 정년까지 잘 나가던 직장생활을 마치고 우리가 알 수 없는 추측만 무성한 이유로 세상을 등졌습니다. 우리가 예민하던 사춘기 시절, 철길에서 뛰어내려 한 쪽 다리를 잃고 한평생 무거운 의족을 우리 가슴 속에 지워주었던 둘째오빠며, 그 충격을 이기지 못하고 정신병원에 입원했던 아버지까지 우리들의 우울한 가족사가 하나하나 뇌리를 스쳐가는 가운데 나훈아처럼 외쳐봅니다.

"테스 형! 인생이 왜 이래?"

언니! 술을 좋아하던 둘째오빠가 다리를 잃고 결혼 후 기술사가 되기까지는 현숙한 아내의 그림자 내조가 있었다고 했지요. 오빠의 결혼식장에서 신랑 입장 순서가 되자 피아노 반주를 뚫고나와 다들 집으로 가라며 고함을 치던 그 처남을 기억나세요? 언니는 그날 올케를 위해서라면 어떤 수고라도 하겠다고 결심했다지요. 저도 나름 고달픈 결혼생활을 유지하는 근간이 되었습니다. 그런데 그 처남이 막상 오빠의 도움으로 말썽꾸러기 생활을 접고 대학도 잘 마치고 취업도 했다며 올케언니는 평생 남편 공로를 치켜세웠습니다.

이번에 뒤늦게 완공된 공원묘지로 다시 가족들이 모여 셋째오빠를 안장하는 날, 대전에서 올케와 조카 수재도 왔습니다. 수재가 전전하던 기자직을 내려놓고 사립대학 교직원이 되었다는 기쁜 소식을 가져왔습니다.

'죽었던 인생, 당신을 만나 33년을 다시 사는 동안 고맙고 행복했노라'

오빠가 암으로 임종하며 남긴 말이라고 했습니다. 우리를 만날 때마다 올케는 좋은 씨를 받아 울타리 같은 1남2녀를 두었다고 입버릇처럼 말합니다. 총각시절 자정까지 술을 마시던 둘째 오빠가 호랑이 같은 아버지가 무서워 초인종도 누르지 못하고 담을 넘던 일 기억하세요? 제 집 담을 넘는 줄도 모르고 길을 지나던 사람이 도, 도, 도둑이야!를 외치며 달아났다지요. 그런 오빠가 공학박사가 되고 국립대학 교수가 되기까지, 올케언니는 지렛대가 되어주었습니다. 우리 가족이 속수무책으로 사고의 그늘에서 허둥대는 동안 남의 집에서 들어온 새사람이 오빠를 일으켜 세웠습니다. 그때 올케가 할 수 있었던 것은 함께 있어주는 거라고 했지요.

시우를 안고 무섭다고 우는 딸이 언니에게 얼마나 가슴 찢어질지, 차라리 둘째오빠 같은 외상이라면~ 하고 어처구니없는 상상을 하기도 합니다. 많은 고개를 넘어 여기까지 왔다고 생각한 적이 있는데 인생이 다 끝날 때까지는 우리를 지나간 절망도 자랑도 끝이 아닌가 봅니다.

폭우로 한강이 범람하던 지난여름 뻘밭의 갈대는 물속에 잠겨 형체도 보이지 않았습니다. 수문이 닫히고 통행이 금지된 한강이 궁금해서 아파트 옥상으로 올라가 보았습니다. 잠수교도 가라앉고 농구 골대도 간신히 목만 둥둥 떠올랐지요. 붉게 충혈

된 물살이 으르렁거리는 한강을 바라보며 그 안에 가라앉은 고수부지의 풀꽃이며 사람들이 달리던 트랙이며 허겁지겁 끌어올린 이동식 화장실의 흔적이 어디쯤일까 눈으로 짚어보았습니다. 가슴 깊이 다 묻어두고 다만 출렁거리는 물결이 인생이고 세월일까요?

며칠 뒤 비가 그치고 해가 나자 진흙 밭이 된 고수부지로 청소차들이 몰려 와서 센 물살을 퍼부었습니다. 다시 일어날 것 같지 않은 엎어진 갈대밭에도 물세례가 쏟아졌습니다. 바람에 비를 말리며 다시 비가 내리고 몇 차례 더 뿌리째 휘청거리는 동안 가을이 되었습니다. 지금, 연인들의 귓속말처럼 달콤하게 속살거리는 갈대의 군무를 그때는 꿈꿀 수 없었지요. 그러나 막상 손으로 훑어보노라면 베일 듯 날카롭고 질긴 대가리들이 한데 얼크러져 갈대는 여전히 무한전사입니다.

화창한 도라지꽃 무늬 원피스를 입고 열두 살 소녀가 이사를 오자 온 동네 아이들이 며칠이고 우리 집에 몰려들었지요. 개울물이 흐르던 징검다리를 지나 고개 너머 태극기가 펄럭이던 초등학교를 갈 때면 아이돌처럼 긴 사람 행렬을 끌고 다니던 언니, 저도 그 행렬의 맨 끝에서 언니를 따라왔습니다.

베일 듯 날카로운 질긴 슬픔 어디쯤에 우리가 자나던 징검다리를 놓을까요? 다리 위에서 물결에 살 닳아지는 조약돌도 보고 멀찍이 빈 들판에서 불어오는 바람을 맞고 싶습니다. 진흙탕 속에서 허리를 세우고 모진 겨울을 넘기고 이듬해가 되면 연두 빛으로 다시 시작하는 갈대, 푸른 절망을 보듬어보고 싶습니다. 언니, 우리와 함께 가을이 점점 깊어갑니다.

권혁희

충남대학교 국문과 졸업. 2003년 ≪문학선≫ 등단. 한국시인협회 회원

휘발되지 않는
그리움 저 너머에도

박수현

작은 언니, 지난주 우리 자매들 모여 형부에게 인사 다녀온 뒤 편지를 쓰게 되었네. 누군가 그리움은 휘발되지 않는다 했지만 꿈 속 일만 같던 두 분의 죽음 앞에서도 시간은 냉정하여 벌써 몇 계절이 바뀌었네. 진즉 형부에게 가보아야 했는데 코로나19 사태 때문에 흩어져 사는 우리들이 한자리에 모이는 일도 쉽지 않아 이렇게 늦어져서 미안해요.

한 겹 두 겹 겹쳐진 물결 위로 늦가을 햇살이 눈부시게 흘러가는 강가에서 흰 국화 꽃송이를 흘려보낼 땐 형부 생전 모습이 생각나 저절로 눈시울이 붉어지며 자꾸 주위를 두리번거렸어. 불쑥 어디선가 나타나실 것만 같고, 은빛으로 반짝이며 흔들리는 억새들 사이로 얼핏 형부의 굵직한 목소리가 들리는 것 같아서 말이야. 형부가 이 땅에서 사는 동안 기쁨의 순간도 고통의 시간도 있었겠지만 이제 그 모든 것이 흘러가고 적막 속에 잠겼으니 사람 한 평생은 참 덧없고 짧은 것 같아. 한적하고 아늑한 그곳에서 영원한 안식을 누리고 싶어 형부는 생전에 언니랑 즐겨 오던 이곳에 자신을 뿌려 달라 한 것이었을까?

백내장이 와 홍채가 뽀얀 누리 녀석도 저를 날마다 산책 시키고 지극정성으로 돌보던 형부를 보낸 곳이라는 걸 아는지 강가를 서성이며 한참을 컹컹 짖었지. 위암을 판정받고 급격하게 살이 내려 무명지에 낀 반지를 어디에 흘렸는지도 모르는 와중에서도 '개는 제 나이에 7을 곱해야 사람 나이로 환산 된다'며 사람으로 치면 90세가 넘는 누리를 당신 손으로 묻어줘야 한다던 형부였는데 먼저 황망히 가 버리실 줄 누가 알았겠어.

올 한해를 돌아보니 눈에 보이지도 않는 바이러스 코로나19는 온 나라를 아니 전 세계를 뒤흔들었고 우리 자매들에게는 '죽음에 대한 예의'조차 제대로 갖출 수 없는 참담함과 안타까움을 안겨 주었지. 그 어떤 인간사 중에서도 충분한 애도와 격식이 필요한 사랑하는 가족에 대한 장례의식조차 생략되고 침범 당하는 상황으로 몰리게 된 거지. 형부가 수술을 앞두고 패혈증으로 급작스레 돌아가셨을 때 가까운 친지 몇 사람과 지인 몇 분에게만 알린 채 서둘러 장례 절차를 밟았고, 엎친 데 덮친 격으로 호롱불 심지 사그라지듯 연달아 형부 따라 가버린 엄마가 세상 뜨셨을 때도 쫓기듯 이일 가족장으로 치러야만 했으니까 말이야. 그 상황들이 우리 가족들에게는 너무나 안타깝고 기가 막히는데 "장수 하셨으니 그래도 호상이다"라는 위로나 "생전에 쿨 했던 성품대로 고생 많이 안 하시고 그리 세상을 떠난 것이 본인에게는 더 낫다."라는 위로의 말들이 오히려 서럽고 안타까움만 더했지.

사실 형부 떠나심은 우리 동기간에게 엄마의 죽음보다 더 큰 충격이었어. 병석에 계신 아버지를 돌보며 가장 노릇 하시는 엄마에게는 사위가 아니라 아들 노릇을, 오빠 없는 우리 자매에게는 오빠 역할을 톡톡히 해 오신 형부였으니까 말이야! 마치 울타리 한 부분이 무너진 듯한 허탈감과 "이제 우리 곁으로도 죽음이 가까워져 오는구나."라는 두려움이 엄습해 오더라.

형부는 매사 자신의 일에 성실했고 무뚝뚝하지만 정말 속정이 깊고 따듯하신 분이었지. 명절 때면 많은 처제들 앞앞이 용돈 챙겨 주시고 한창 멋 낼 나인데 줄 나간 스타킹 신으면 모양새 빠진다며 때때로 스타킹도 몇 다스씩 사다 주신 것 아직 잊지 않고 있어.

눈에 보이지도 않는 코로나19는 전 세계적인 팬데믹(pandemic)을 초래했고 많은 사망자뿐 아니라 사회, 경제적 면에서도 그 여파와 후유증이 눈덩이처럼 불어나고 있어. 매일 TV엔 코로나 뉴스가 넘쳐나고 단톡방에는 불확실 한 온갖 정보가 바이러스처럼 떠다니지. 악수는 물론 엘리베이터 버튼을 누르는 무심코 지나쳤던 모든 일상이 불안한 사회, 마스크를 쓰지 않고 바깥을 나갔다가는 타인의 눈총뿐 아니라 벌금을 물어야 하는 우리를 둘러싸고 있는 이 카오스적인 상황. 그 끝이 언제일지 쉽게 예측할 수 없기에 모두들 '불안 사회(insecure society)' ' 피로(疲勞) 사회'의 늪에서 허우적대며 코로나 블루(우울)'와 '코로나 레드(분노)'로 빠져드는 것 같아. 멀쩡한 사람들도 일상을 견뎌내기가 쉽지 않은데 죽음이 온통 언니의 삶 전체를 휘저어 놓은 것 같은 이런 상황이 언니에게는 얼마나 버겁고 고통스러웠을까?

'사회적 거리 두기'도 언니가 겪는 심리적 공황상태에 한몫을 했을 거야. 친구나 동기간, 이웃사람들과 만날 수 있으면 속을 털어놓기도 하고 시간 보내기가 다소 쉬웠을 텐데 오프라인의 관계망은 급속히 축소돼 평소 다니던 '요가 교실' 도 '영어 회화 교실'도 폐쇄되고 온전히 혼자서 그 우울하고 고통스러운 시간을 견뎌야 했잖아. 가끔 안부전화를 해보면 목소리도 기운이 없고 맛있다는 걸 먹어도 맛을 모르겠고 좋은 걸 봐도 가지고 싶은 마음도 생기지 않는다는 말로 언니의 쓸쓸하고 처연한 심사를 내비쳤지.

언니, 얼마 전 사진 정리를 하다 보니 우리 자매들 엄마 모시고 해외며 제주도 등 일 년에 한 번씩 여행 다녔을 때 찍힌 작은 형부 모습이 많이 나오더라. 특히 팔순 때 감포의 한 펜션에서 즐겁게 해드린다고 엄마와 함께 덩실덩실 춤추던 형부 사진이 나왔을 때 나도 모르게 그 사진 붙들고 한참을 울었어. 그리운 형부를 떠올리며 그때 손수 끓여 주던 특미 삼계탕이며 여러 가지 생각이 나더라. '인연(因緣)'이란 낱말의 의미를 다시 되짚으며 더없이 좋은 분을 내 동기간으로 만날 수 있었던 것에 감사한 마음이 생기더라.

언니, 아이러니하게도 죽음에의 사유를 통해 '인간의 삶'에 대한 우리들의 오만한 생각과 욕망들을 돌아볼 수 있고 다시 자신의 삶에 새로운 의미망을 짜는 기회도 되는 것 같아. "우리의 년 수가 칠십이요 강건하면 팔십이라도 그 년 수의 자랑은 수고와 슬픔뿐이요 신속히 가니 우리가 날아가나이다" 성경 시편 90편 10절 말씀처럼 영원히 사는 사람은 아무도 없고 죽음 앞에선 누구나 다 단독자임을 받아들이자. 살아생전 형부에게 좀 더 잘 할 걸 같은 부질없는 후회나 자책 같은 것은 하지 말았으면 해. 남은 사람은 남은 사람대로 자신의 삶을 보듬고 사랑하는 것이 주어진 삶에 대한 엄정함을 지키는 것이라 여겨져. 이제 형부나 엄마를 잊는 것이 아니라 더 좋은 곳, 눈물도 고통도 없는 다른 별로 이사 가셨다 생각하자. 그래도 지워지지 않는 기억들은 마음 속에 깊이 간직한 채 때론 고즈넉한 시간에 꺼내 반추해 보는 것도 의미가 있는 일일 테니까 말이야. 형부도 엄마도 분명 그곳에서 언니가 떠난 이들의 빈자리 때문에 좌절과 무력감 속에 빠져들기보다 남은 시간 분명 알차게 보내길 바라실 거야. 좀 아쉬운 형부 시간까지 언니가 당당하게 더 장수를 누려야지.

장기화되는 사회적 격리와 불안의 틈바구니에서 견디기 위해서는 셀프 통제(self control)의 힘을 키울 필요가 있다고 심리학자들이 말하더라. 그러기 위해선 "심왕, 여래, 공, 심금, 단심, 반야, 정혜, 브라흐만, 무애" 등 쉰 가지도 넘는 이름이 있다는 마음의 근육을 키워야 하겠지. 많은 이름이 있다는 것은 그만큼 인간의 마음이 다양하고 다스림 또한 쉽지 않다는 말이겠지. "우리가 팬데믹이라는 악몽에서 깨어나는 유일한 방법은 이것이 꿈이 아니라 정말 새로운 현실이라는 것을 깨닫는 데 있다." 라고 말한 철학자 슬라예보 지젝의 말처럼 이 사태는 곧 사라질 것이 아니잖아. "바이러스의 세계에서 사는 법을 터득해야 하고 새로운 삶의 방식을 고통스럽게 재구축해야 한다."는 말이겠지. 꼭 이처럼 언니도 형부 없이 혼자서 사는 새로운 삶의 방식을 아프고 힘이 들겠지만 차근차근 재구축 혹은 재구성해야 한다는 것을 말해주는 것은 아닐까? 이럴 땐 쉽고 구체적인 방법이 좋을 것 같아 언니에게 우선 몇 가지를 제안해보려 해. 우선 관상용 화분을 키워 보는 것은 어떨까? 싱싱함을 즐길 수 있는 잎이든 아름다움을 주는 꽃이든 식물들은 우리에게 생명의 기운을 선사하거든. 물을 줄 때 들여다보면 그들이 내뿜는 기분 좋은 파장과 섬세한 운율을 느낄 수가 있을 거야. 작은 텃밭을 가꿀 수 있다면 더 좋겠지. 내년 봄엔 구청에서 운영하는 텃밭 가꾸기에 신청해 보는 것도 생각해 봐!

다음은 무엇보다 건강을 위한 운동이지. 언니가 누리를 유모차에 태워서라도 산책을 나간다니 그때 무산소 운동 몇 가지도 추가하면 좋겠네. 테니스 선수이기도 했던 언니는 여전히 멋진 몸매에다 아직 어떤 성인병 약도 복용하지 않는 건강함을 지니고 있으니 그대로 유지할 수 있도록 하는 거지.

그다음 나만의 오롯한 시간을 보내는 방법을 찾아보는 것도 좋겠지. 혼자 즐기는 음악을 듣거나 좋은 영화를 보는 것도 도움이 될 것 같아.

직접 참여하는 취미를 가지는 방법도 괜찮겠지. 손쉬운 비누 공예, 흙을 만지는 도예나 나무를 만지는 목공, 퀼트나 연필화 같은 걸 배우다 보면 작품이 완성될 때마다 적지 않는 기쁨을 맛볼 수 있지 않을까?

요리는 어떨까? 완성된 요리를 맛보는 즐거움과 그 음식을 나누는 기쁨도 느낄 수가 있을 것 같아.

그런데 내가 마지막으로 적극 권하고 싶은 것은 독서와 글쓰기야. 책이 주는 다양한 이로움은 잘 알 테니 설명하지 않을게. 무슨 거창한 글을 쓰라는 것이 아니고 소소한 자신의 일상 기록하기나 담담하게 몇 줄이라도 자신의 감정을 솔직하게 적어 보는 것이지. 글을 쓰다보면 굉장히 복잡하게 느껴지던 일이나 감정들도 기실 생각보다 단순한 것이라는 사실을 깨닫게 돼. 그리고 다른 예술도 그렇지만 글쓰기에는 큰 치유의 힘이 있어. 내가 현실적으로 가장 어려울 때 독서와 글쓰기를 통해 다시 일어섰고 지금은 시인의 이름으로 살아가고 있는 것, 언니가 옆에서 지켜보았으니 내 말이 이해가 갈 거야.

또 마음에 와 닿는 시를 소리 내어 읽어보거나 필사해 보는 것도 좋은 방법이라는 생각이 들어. '이 시인도 이럴 땐 나와 같은 감정을 느꼈군.' 등의 공감을 통해 인간의 보편성을 이해하게 되고 사유의 깊이와 넓이를 획득하게 될 거야.

얼마 전 내가 참석한 모 문학행사에서 93세의 노시인께서 "살아 있어 감사하고 아름답다."라고 축사를 하시더라. 코로나19의 상황이지만 살아 있어 이렇게 아름다운 가을날을 즐길 수 있다는 진심 어린 말씀이 잔잔하지만 내 마음을 울렸어.

언니, 우리 모두 '한 번도 경험해 보지 못한' 이 위기가 오히려 '자기 돌봄'을 그리고 "자기 앞의 생"에서 남은 시간들을 재구축해야 할 때라는 것을 잊지 않았으면 좋겠어. 자식을 나눈 부부의 연으로 오십 년을 함께 살아왔고 노년에 친구처럼 지내던 반려자를 먼저 떠나보냈으니 그 허전함은 무척 깊고 넓겠지만 말이야.

아무쪼록 혼자라고 끼니 거르지 말고 건강한 일상을 살아내려 노력하다 보면 이 상황도 끝나고 분명 다시 좋은 날이 오겠지. 언니는 분명 잘 이겨낼 수 있을 거야. 코로나19가 좀 더 진정되면 더러 만나 맛있는 것 먹고 많이 웃으며 함께 여행도 갑시다. 힘내요, 화이팅!

동생 현주가

박수현

2003년 계간 《시안》으로 등단. 시집 『운문호 붕어찜』 『복사뼈를 만지다』 『샌드 페인팅』 등. 2011년 서울문화재단 창작기금 받음. 2018년 한국문화예술위원회 아르코 창작기금 받음. 2020년 동천문학상 수상.

나의 첼리스트, 세계무대에서 펼칠 너의 멋진 연주를 기다리고 있을게

박혜원

최빈, 나의 첼리스트. 나의 온 마음을 다해 너의 합격을 축하한다. 위대한 음악의 천재 모차르트를 기념하기 위해 1841년 오스트리아의 잘츠부르크에 설립한 모차르테움(Internationale Stiftung Mozarteum)에 합격하기까지 네가 겪어온 과정을 속속들이 알기 때문에 나의 감격은 더하구나. 너는 걸림돌을 디딤돌 삼아 물살 사나운 물길도 헤쳐 왔고 되돌아가고픈 때에도 그 갈등을 잘 극복하고 지금의 자리까지 왔다. 더구나 돈이 없으면 음악도 할 수 없는 것처럼 치부되는 천박한 자본주의적 현실의 두터운 막을 찢고 너의 꿈과 열정이 이뤄낸 결실이기 때문에 그 의미는 더욱 소중한 것 같다.

올해 초, 온 세계가 코로나19로 몸살을 앓고 두려움과 불안 속에서 방향감각을 잃고 있을 때 나는 너를 만났다. 너 또한 알 수 없는 암울한 미래 앞에서 초조해 하며 어디로 나아가야 할지 갈등하고 있었지. 너는 지방대 음대 출신이 음악으로 생계를 해결하며 살아가는 게 낙타가 바늘구멍으로 들어가기보다 힘든 현실임을 절감하며, 새로운 전환점을 마련하지 않으면 살아남을 수 없다는 절박함 속에 있었다.

대구에서 택시운전을 하는 아빠와 외곽지에서 조그마한 피아노교습소를 운영하는 엄마는 음악을 전공한 남매를 뒷바라지하느라 이미 지칠 대로 지쳐 있었던 터라, 너는 독일 유학이라는 새로운 계획을 말하기까지 많은 시간이 걸렸다. 그러나 음악이 아닌 일은 생각해 본 적도 없는 너는, 오랜 고민 끝에 부모님의 양해를 얻고 음악의 본거지인 독일로 향했던 것이다. 자신의 선택이 얼마나 이기적인 일인가를 알기 때문에 괴로웠지만 더 나은 미래를 선사함으로써 그 고마움에 보답하고자 이를 악물었지.

서툰 독일어와 싸워가며 6개월 동안 대학원 진학을 위해 아르바이트하는 틈틈이 학원과 강사들을 찾아다니며 강습을 받고 독일 전역에 흩어져 있는 학교를 찾아 응시하느라, 너는 기차에서 쪽잠을 자기도 했다. 그러나 스무 번이 넘는 응시의 고군분투에도 불구하고 너는 모든 진학에 실패했다. 현실은 참으로 냉혹했고 그러한 현실을 받아들이는 것은 더욱 힘들었다.

그러나 패배감을 위무하며 겨우 자신을 추슬러 가면서 다음 학기를 위해 준비하던 중, 코로나 19가 발생했고, 선진국이라 여겼던 유럽 전역의 확산으로 강습도 응시도 아르바이트도 불가능해졌다. 그동안 쥐어짜듯 비축했던 돈도 언제 바닥이 날지 알 수 없는 상황 속에서 너는 이역만리 궁벽한 곳에 홀로 내던져진 신세가 되었다. 모든 학교가 폐쇄되고 사재기에다 인종차별까지 당하는, 하루하루가 지옥 같은 시간을 견뎌내야 하는 아들의 안녕을 염려하는 너의 부모님이 항공권을 구해 강제 귀국시키는 바람에 너는 다시 원점으로 돌아오게 된 것이었다. 게다가 한국에 돌아와 보니 집은 극한으로 치달아 있었다. 변두리긴 해도 가까스로 간직하고 있던 집도 날리고 너의 부모는 할머니집의 아래채에 들어가 살고 있었다. 그런 상황은 너를 더욱 비참하게 했다. 게다가 격리기간 중에 엄마는 월세를 감당하기 힘들어 교습소의 문을 닫아야만 했고 아빠는 손님 없이 공치는 날이 더 많았다. 전부터 병약했던 엄마의 몸은 악화일로였고 아빠는 너의 격리기간 중에 교통사고까지 나고 말았다. 너는 속수무책인 최악의 상황을 자괴감 속에서 그저 견뎌낼 수밖에 없었다. 지독한 절망으로 잠시 극단적인 선택까지 생각했던 너로서는, 식사와 수면 시간 외에 모든 시간을 첼로 연습에 쏟아 부으면서 다시금 선택의 기로로 돌아와 갈등하고 있는 자신을 극복하고자 얼마나 애를 썼을까, 그 심정을 생각하면 애잔하기만 하다.

그러나 코로나 속에서 겪어낸 그 모든 과정들은 너를 더욱 단단하게 만드는 계기가 되었던 것 같다. 너는 괴로움 속에서도 더욱 첼로 연습에 몰입했다. 오도 가도 못하고 오직 자신과의 싸움을 치러야 하는 현실과 고통이 너의 음악을 더욱 깊고 영글게 만들었을지도 모른다. 삶의 절박함 속에서 감당해야 하는 인간의 고뇌를 뼈 속 깊이 아로새기며 그것을 통곡하듯 첼로의 선율로 담아내는 학습을 했을 거라는 생각이 든다.

그리고 삶이란 참으로 역설적이라, 코로나로 인해 너는 비대면 입시를 준비해야 했고 온라인 응시로, 굳이 독일까지 가지 않아도 네가 원하는 학교의 문을 두드릴 수 있었다. 물론 그 과정에도 어려움이 없던 것은 아니었다. 네가 가고 싶었던 만하임음대(Hochschule für Musik und Darstellende Kunst Mannheim)는 1

차 합격에도, 코로나로 입국 금지되는 바람에 1주일 만에 실시되는 실기시험을 포기해야 하는 아픔도 겪었다. 그러나 꿈과 그것을 향한 집념이 있기 때문에 너는 그 모든 질곡을 거쳐 마침내 지금의 결실을 이뤄낸 것이다. 물론 이는 새로운 길을 향해 한 발 내디디는 출발에 불과할 뿐일 것이다. 불안정하고(insecure), 압력을 받으며(pressured), 과중한 세금부담(overtaxed)과 빚을 지고 있는(debt-ridden) 세대라는 의미로, 'IPOD세대'라고도 불리는 너는, 앞으로도 감당해야 할 일들이 산재해 있지만 지금까지 그랬던 것처럼 너는 그조차 잘 헤쳐 나갈 것을 믿는다.

나는 몇 년 전 퇴직하고 새롭게 문학 공부를 시작했는데, 올해 봄 학기에는 희곡 창작을 수업하게 되었다. 때가 때이니만큼 코로나로 인해 야기되는 갈등을 선택하되, 인물 선정이나 소재는 나에게 익숙한 것으로 극작하고자 했다. 갈등의 극점에 서 있는 주인공의 모습을 드라마틱하게 형상화하기 위해 나는 첼로를 전공하는 조카를 찾아갔다. 독일에서 급히 귀국한 조카는 자가격리 상태라, 서로 마스크를 쓴 채 나는 마당에 서고 조카는 머무는 방의 창문 안에서 저간의 이야기와 심경을 나누는 기이한 만남을 체험했다. 우리의 만남은 꽤 진지하면서도 즐거웠던 것 같다. 그리하여 최빈, 너는 나의 첼리스트로 내 곁에 오게 된 것이었다.

사랑하는 나의 첼리스트, 최빈. 코로나라는 엄청난 재난을 오히려 삶의 전환점으로 활용해 새로운 삶의 기로에 들어선 너의 인간승리를 축하한다. 항상 감사하는 마음을 잃지 않고 고마운 사람들에게 그 감사함을 음악으로 갚아가길 바란다. 그리하여 너의 음악을 통해 절망감에 빠진 사람들이 새로운 희망을 만들어 가면 좋겠다. 언젠가 코로나19를 넘어서, 세계무대에서 너의 아름다운 첼로 연주를 들을 수 있는 날을 꿈꾸며 기다릴게, 나의 첼리스트.

박혜원

이화여대 국문과 졸업. 계명대 국문과 박사과정 수료. 1994년 청구문화제 수필 부문 대상 수상. 1999년 ≪세기문학≫ 소설부문 신인문학상 수상. 소설집 『비상하는 방』, 수필집 『그 길 위엔 여전히 바람이 불고 있다-터키 그리스 성지순례』 간행

이 코로나 시국을 가장 열심히 살고 있는 택배기사님께

서정임

안녕하세요? 택배기사님

저는 서정임입니다.

편지를 받고 누구인지 금방 생각나지 않으시겠지만 분명 제 이름이 낯설지만은 않으리라 생각합니다. 어쩌면 이미 제 이름을 보고 저희 집 동 호수를 떠올리고 계실지도 모르겠네요. 눈이 오나 폭우가 쏟아지나 사계절 하루도 빠짐없이 몇 년을 제가 살고 있는 구역을 담당하고 계시니까요.

하지만 이렇게 편지를 받으시는 건 좀 의외지요? 사실 제가 그동안 배달해 주시는 물건을 받기만 했지 딱히 그 감사함을 전해본 적은 없는 거 같아 이렇게 마음을 보냅니다.

기사님, 우리의 이웃이란 어떤 사람을 말하는 걸까요? 아시다시피 우리가 살고 있는 아파트란 몇 천 세대가 모여 살면서도, 앞집 사람 얼굴 한 번 보기도 힘든 곳이지요. 기껏 만남이란 출퇴근할 때나 분리수거할 때, 외출할 때, 엘리베이터 안에서 인사를 나누는 정도니까요. 그래서 그보다는 많이 얼굴을 보고 인사를 주고받는 기사님도 가까운 이웃이라 할 수 있겠지요. 또한 그러한 경계를 구분 짓는 척도는 분명, 어디에 사느냐 하는 물리적 거리만을 말하는 것이 아닌지라, 이 시대를 살고 있는 사람이면 모두가 이웃이고 형제이며 내 부모이고 내 자식이며 동생, 누나인 것이지요.

그러고 보니 기사님을 처음 알게 된 때가 생각납니다. 오래전 일이라 기억하실지 모르겠지만, 그날은 제가 외출에서 돌아오던 어느 화창한 봄날이었죠. 1층에서 엘리베이터를 탔는데 그 안에 상자 하나가 놓여있더군요. 이게 뭔가 하고 들여다보니 주소와 이름. 동 호수가 명확히 쓰여 있는 물품이었습니다. 저는 그것이 누군가 깜박 잊어버리고 두고 내린 물건이라 생각되어 재빨리 경비실에 갖다주었죠. 그리고 다시 엘리베이터를 타려는데 기사님이 다급히 뛰쳐나오시더군요. 아차, 그때야 저는 조금이라도 배달시간을 아끼려고 엘리베이터에 일단 물건들을 옮겨놓고 집집마다 배달을 한다는 걸 알았습니다. 그리고 그 순간 얼마나 머쓱하고 미안하던지요. 그런데 기사님은 제 마음을 안다는 듯 아무렇지도 않은 표정으로 경비실에서 물건을 받아 가셨지요. 그리고 그날 이후로도 예전과 다름없이 밝고 씩씩한 목소리로 인사를 하셨고, 저 또한 그런 일이 있었던지라 더욱 반갑게 인사를 하게 되었지요.

벌써 몇 년이 흘렀네요. 그동안 저는 큰아이를 결혼시키면서 혼수 물품과 그 외 여러 물건들을 주문했었지요. 지금이야 좀 뜸하긴 하지만 그때 기사님은 그 물품들을 배달해 주시느라 참 많은 수고를 하셨지요. 그러고 보니 하루가 멀다 하고 대면했던 날들이었네요.

기사님 요즘 참 많이 힘드시죠? 우리가 살면서 이런 일이 일어날 거라고 어디 누가 생각이나 해보았을까요. 전 세계를 덮친 코로나19는 우리의 생활을 참 많이도 변화시켰죠. 마스크를 쓰고 손 소독제를 사용하고, 충분한 손 씻기와 철저한 방역과, 2m 거리 두기로 최소한의 활동도 하기 힘든 상황이지요. 저도 시댁에서 이번 제사 때는 오지 말라고 하더군요, 조상님 묘소도 벌초

대행서비스를 이용하고, 멀리 계시는 친정어머니를 찾아뵙는 일도 참고 있습니다. 아이들은 학교에 가지 못해 비대면 수업을 하고, 많은 사람이 재택근무를 하고 있는 등, 그동안 우리가 평범하게 지내왔던 날들이 얼마나 소중하고 행복했던 날들이었는지요. 하루에도 몇 십만 명씩 발생하는 전 세계의 환자 수를 보면서, 온 인류가 어디로 가고 있는지 앞으로의 방향성도 예측할 수 없어 참으로 암담하고 불안합니다. 그런데 그중에서도 우리의 이러한 생활의 불편함을 해결하기 위해 주문하는 택배 물량을 소화하고 계신 기사님들은 이 시국을 가장 열심히 살고 계신 분들입니다. 날마다 산더미처럼 쌓이는 물량들, 그러한 물품을 하루도 쉬지 않고 감당하기란 너무도 벅찬 일일 것입니다. 거기에 비말 차단용 마스크까지 쓰고 뛰어야 하니, 그 고충을 겪어보지 않은 사람은 어디 그 힘든 정도를 짐작이나 할 수 있겠는지요.

그러고 보니 생생하게 떠오르네요. 코로나19가 시작된 지 석 달이 조금 넘었을 때였지요. 마트를 다녀오다 우리 동 앞에서 물건을 내리고 있는 기사님을 만났는데, 그 체격 좋고 건강해 보이던 분이 너무도 말라있는 모습에 그만 저도 모르게 "아니 왜 이렇게 살이 빠지셨어요?" 하고 물었더니, "석 달 동안 12kg이 넘게 빠졌어요. 힘들어 죽겠어요." 하시던 말씀이요. 그리고 그 이후로도 점점 더 야위어가는 모습을 보면 참 안타깝습니다.

며칠 전에는 아파트 상가 앞에 트럭을 주차해놓고 물건을 꺼내고 계시더군요. 그런데 비닐포장된 물건들이 자꾸만 땅으로 미끄러져 내려 주워 올리고, 배달할 물건 주소를 장부와 확인하고, 또다시 주워 올리고, 1분 1초도 아껴야 하는 작업인데 시간이 지연되고 있더군요. 그래서 2층 점포로 올라가려다 차 안을 들여다보니, 그 안에 그야말로 많은 물품이 한가득 쌓여있더군요, 그때 시간이 오후 3시쯤이었으니까, 밤늦은 귀가를 할 수밖에 없음을 금방 알 수 있었지요. 그래서 마침 1층 편의점에서 산 피로회복제와 음료수가 있어 드렸는데, 기사님은 제가 마시려던 것 아니냐며 사양하다 이내 고맙다며 서둘러 세탁소 쪽으로 뛰어가셨지요. 그런데 그만 급한 마음에, 피곤하면 항상 뜨거운 피로회복제를 사 먹는 습관대로, 그날도 그렇게 산 것을 드리고 만 것인데요, 정신없이 뛰느라 많이 더웠을 기사님이 어떻게 생각하셨을까. 미처 생각하지 못한 점이 내내 마음에 걸렸습니다.

얼마 전 신문에서 너무나도 충격적인 기사를 접했습니다. 20kg이 넘는 쌀 포대와 생수통과 그 외 품목들을 메고 5층 아파트 계단을 오르던 택배기사님이 그만 쓰러지셨다는 소식이었습니다. 그리고 그 이후로도 들려오는 또 다른 택배기사님들의 13명이 넘는 연이은 죽음과, 자살까지 하는 소식이라니요. 사람이 얼마나 힘들면 한순간에 생을 놓아버릴 수밖에 없게 되는지, 이러한 소식을 접하는 기사님들은 얼마나 참담하고 분노가 일까요. 이렇듯 우리 사회에는 시급히 개선되어야 할 일이 많네요. 아직도 1960년 산업화 시대 같은, 별반 달라진 것이 없는 열악한 환경과 조건 속에서 일하고 계시는 분들이 많으니, 오직 이익만을 추구하며 노동력을 착취하고 있는 기업인들의 그 철옹성 같은 생각이 언제 변할까요? 사람이 사람을 생각하고 사람이 먼저인 세상, 그 사람 중심의 세상이 언제 올까요?

사실 그동안 택배기사님들은 택배만 하시는 줄 알았습니다. 아침 일찍 출근하여 분류작업을 하고 그 작업이 끝난 후에야 비로소 물건을 배달한다는 그 살인적인 노동시간을 몰랐습니다. 그나마 요즘 언론에서 우리에게 편리함을 제공하고 있는 기사님들의 수고와 그에 따른 고통으로, 힘든 하루하루를 인내하고 계시는 노고에 관심을 두고 있어 다행이라 생각합니다. 부디 멈추지 않는 관심과 보도로 꼭 개선된 근무형태가 되길 바라며, 기사님들의 수고를 당연시했던 사람들도 늦어지는 배송시간을 좀 이해하고 기다려주는 그런 태도를 보여준다면 좋을 것입니다.

'위기는 기회다'라는 말이 있습니다. 이러한 때일수록 미래로 나가기 위한, 미래를 생각해야겠지요. 그것만이 현재를 극복할 수 있는 힘이 될 것입니다. 그동안 우리가 잘 살아왔고 세계 여러 선진국과 어깨를 나란히 할 수 있었던 것도 기사님처럼 참으로 열심히 성실하게 살아오신 분들이 있었기 때문입니다.

분명 좋은 날들이 있을 것입니다. 지금의 이 고난이 밝은 날을 가져올 것입니다.

오늘도 어김없이 몰고 온 트럭이 아파트 통로 앞에 주차되어 있네요. 하루빨리 코로나19가 종식되길 바라며, 진심으로 감사하다는 말씀드립니다. 부디 건강 조심하시고 수고하세요. 앞으로도 더욱 반갑게 인사하겠습니다.

서정임

2006년≪문학선≫ 등단. 시집 『도너츠가 구워지는 오후』『아몬드를 먹는 고양이』

재성에게

윤준경

재성아, 너의 힘든 형편을 보고 위로의 말을 하겠다고 펜을 들었지만 인사말을 하기도 전에 목이 메는구나. 초등학교 3학년 어린 나이에 견뎌내야 할 고난과 넘어야 할 산이 그리도 높으니 얼마나 힘이 들지 생각만으로도 너무 가슴이 아프다. 어린 너에게 쌓인 그 많은 문제들 앞에 무슨 말이 위로가 되고 힘이 될지 나로서도 하늘이 원망스럽구나.

작은 돈을 너를 위한 자선단체에 송금하면서 차라리 부끄럽고 죄스럽다. 어쩌면 그 작은 금액은 어른으로써 체면을 세우기 위한 겉치레가 아닌가 스스로 반성해본다.

혼자서는 움직이기도 힘드신 어머니, 그런 어머니를 돌보느라 직장마저도 나갈 수 없는 아버지, 그리고 위생적이지 못한 주거환경 등 너의 마음이 어떨지 상상만 해도 아무 능력 없는 어른이란 것이 미안하고 부끄럽구나. 그렇다고 혹시 절망에 빠져있는 건 아니겠지?

재성아, 세상에는 좋은 일도 나쁜 일도 그리 오래 가지 않는단다. 조금만 참고 기다리면 너를 돕기로 한 자선단체에서 모은 기금으로 네가 살고 있는 환경도 깨끗이 고쳐줄 것이고 어머님의 병환도 치료가 가능해질 걸로 안다.

어둡고 냉정한 세상 같지만 해님이 곳곳을 비춰주듯 네가 살고 있는 곰팡이 핀 방과 부엌, 비가 새는 화장실도 말끔히 고쳐서 밝은 햇빛과 맑은 공기로 가득 채워질 날이 멀지 않을 것이다.

재성아, 보지도 듣지도 말하지도 못하는 헬렌 켈러를 알고 있지? 그분은 그런 장애에도 불구하고 '내 인생에서 행복하지 않은 날은 하루도 없었다'고 말했단다. 정상적인 사람의 기본조건이라고 할 수 있는 듣고 보고 말하는 것조차 할 수 없었던 그런 분이 평생을 날마다 행복했다니 처음엔 나도 그 말을 이해하기 어려웠단다. 그러나 좀 더 깊이 생각해보니 그 말뜻을 이해할 수 있었단다. 들을 수 없는 상태에서 선생님의 입술을 만져가며 한 마디 한 마디 말을 배워가는 일이 얼마나 신기하고 기뻤겠니? 앞을 못 보는 상태에서 수없이 넘어지면서 찾아가던 화장실을 넘어지지 않고 찾아갔을 때의 기쁨이 얼마나 컸겠니? 그래서 아마도 헬렌 켈러는 불구의 몸이지만 살아온 모든 날들이 행복과 환희의 순간이었을 것이라고 여겨진다.

재성이는 비록 어렵지만 건강한 몸을 가지고 있지 않니? 건강하면 부자도 학자도 운동선수도 세상 무엇이든 될 수 있단다. 이제 겨우 아홉 살, 꿈을 잃지 않는 한 재성이의 앞날은 한 알의 씨앗이 잎이 나고 꽃이 피고 수많은 열매가 맺히듯 네가 꿈꾸는 대로 얼마든지 행복의 문이 열릴 거란다.

재성이의 꿈은 무엇일까? 너무나 힘들어서 지금은 꿈같은 건 상상조차 할 수 없는 일이겠지? 그래도 상관없단다. 때가 되면 저절로 재성이의 소질과 적성에 맞는 꿈이 발견될 것이고 그 꿈을 향해 한걸음씩 발돋움할 날이 곧 오게 될 거란다.

세계의 많은 성공한 사람들과 위인들 가운데는 어릴 적 어려움을 딛고 일어선 사람들이 많단다. 미국의 루즈벨트는 소아마

비를 극복하고 대통령이 되었고 링컨도 책 한 권 사기 어려운 가난한 형편이었음에도 훌륭한 대통령이 되었단다. 강철왕이라 불리는 카네기와 석유왕으로 불리는 록펠러, 그리고 우리나라의 현대그룹을 이룩한 정주영 회장이나 삼성그룹을 이룩한 이병철 회장도 다 어려움 속에서 자란 분들이란다. 록펠러는 고등학교를 중도에 그만두었고 정주영 회장도 초등학교졸업이 학력의 전부란다.

록펠러는 어린 시절 시간당 4센트의 임금을 받고 일하던 가난한 노동자였으나 열심히 일하여 세계 제1의 부자가 되었지. 그러나 그는 세계 최고의 부자임에도 불구하고 행복을 느끼지 못했다고 한다.

그러다 그가 55세 때에 1년 이상 살 수 없다는 불치병의 진단을 받고부터 불우한 이웃을 위해 치료비를 내주고 많은 대학교와 교회를 세우는 등 자신보다 남을 위한 일에 헌신하면서 비로소 행복해졌고 그 후 98세까지 43년을 더 살았다는구나.

정말 행복이란 마음에 달려있는 것이 맞는 것 같지?

재성이도 몸이 건강하다는 것, 부모님이 계신 것, 앞으로 살아갈 날이 많다는 것, 집이 있다는 것, 도와주려는 이웃이 있다는 것…. 이런 너만의 감사의 조건들을 찾다보렴. 그러면 결코 불행하다거나 세상이 원망스럽다는 생각을 하지 않게 될 거야.

이 글을 쓰는 나도, 한 때 세상을 많이 원망한 적이 있었단다. 그러나 지금은 아침마다 일어나면 "오늘도 새날을 주셔서 감사합니다" 라는 기도를 하게 되었단다. 그렇게 말하고 나면 그날 하루의 살아갈 힘이 솟아나고 정말로 감사한 일이 생기기도 하지.

그리고 힘들 때는 노래를 부른단다. 혼자서 이 노래 저 노래 흥얼거리다보면 속상한 일도 어느새 잊혀지고 힘든 일도 어디론가 사라져 버린단다. 재성이도 그렇게 노래를 불러보면 어떨까?

재성아, 그리고 무엇보다 중요한 일은 희망을 잃지 않는 것과 건강을 지키는 일이란다.

건강과 희망을 잃지 않는 한 우리는 누구나 행복할 수 있단다.

그리고 언제 어디서나 성실하고 근면하게 생활하는 일이지. 성실과 근면하지 않고 성공한 사람은 아무도 없단다.

힘들어도 용기를 잃지 말고 조금만 기다려다오.

네가 환하게 웃는 날이 곧 오리라 믿는다.

이 편지가 너에게 작은 힘이나마 되어주기를 바라면서…. 편지를 쓰는 내내 마음 아프면서도 이렇게 쓸 수 있다는 것 또한 감사한다. 부디 건강하게 잘 지내라.

윤준경 씀.

윤준경

1973년, 1979년 주부백일장 3위 입상으로 작품 활동. 1980년 신사임당백일장 2위 입상. 한국시인협회 회원. 공간시낭독회 상임시인

기적이 되어버린 날들

이현서

다시 만추의 계절입니다. 울긋불긋 단풍이 든 나무 위로 차가운 가을비가 내립니다. 계절의 순환은 어김없이 또 한 계절을 밀고 가고 있습니다. 떨어진 낙엽이 비에 젖어 보도블록에 착 달라붙은 모습에서 어쩌면 오늘날 살아가는 우리들의 자화상 같아서 왠지 모를 쓸쓸함이 밀려옵니다.

코로나19 거리두기가 격상되면서 당신이 운영하던 가게마저도 영업시간이 제한되었고 밀린 임대료와 직원들의 급여로 잠을 못 이룬 날이 많았지요. 당신의 무거워진 어깨를 보면서 많이 미안하고 안타까웠습니다. 유치원에 못 가던 서윤이와 승민이가 집안에만 있다가 거리두기가 완화되면서 지금은 다시 유치원에 가고 있어도 마음은 조마조마 살얼음판을 걷고 있는 느낌입니다.

언제 우리는 이 끝이 없는 늪에서 무사히 나올 수 있을까요?

세계가 애도의 공간이 되어버린 듯 타인과 소통하고 공감하고 화해하는 능력마저도 상실되어 가고 있는 요즘에는 하루하루 일상을 무사히 보내는 일이 기적이라고 하지요. 일상이 기적이 되어버린 날들, 익숙하지 않았던 비대면의 날들이 이어지고 코뚜레 같은 마스크를 쓴 채 서로를 경계하는 물리적 접촉의 회피는 심적인 거리에까지 영향을 주고 있습니다. 더구나 전문가들은 코로나19 이후의 삶은 결코 그 이전의 삶으로 돌아갈 수 없다고 합니다.

하지만 지금까지 우리가 영유하고 추구해 온 삶이 영원불변하고 절대적 가치는 아닐지도 모른다는 생각에 이르자 날마다 숫자에 예민하게 반응하며 확진자 숫자를 확인하고 불안을 저울질하던 자신의 삶을 다시 고민하게 됩니다. 또한 곰곰이 뒤돌아보면 우리가 얼마나 황폐해진 삶을 살았나 싶어집니다. 눈앞에 보이는 세계와 숫자에만 급급한 나머지 눈에 보이지 않는 세계에 대해서는 너무 무관심했습니다. 마음의 눈이 멀어 정작 소중한 것, 절대로 필요한 것은 눈에 보이지 않는 것을, 가장 소중한 것은 마음으로만 보인다는 것*을 뒤늦게 깨닫습니다.

식탁에서 어린 손주들이 매일 "할머니 코로나 언제 없어져요?"라면서 동그란 눈동자를 굴리며 질문을 할 때마다 난감할 때가 많았습니다. 어쩔 수없이 할머니도 잘 모르겠는데 하면 "그럼 누가 알아요? 하나님만 알아요?" 하는 아이들, "코로나가 빨리 없어졌으면 좋겠어요"라는 말에는 키즈까페도 가고 놀이공원에도 가서 맘껏 뛰어놀고 싶은 마음도 있겠지만 아빠에 대한 그리움이 진하게 배어 있음을 알기에 가슴이 더 찡해 옵니다.

홍콩에서 일하는 아빠와 헤어져 살던 손녀와 손자는 아빠를 만나지 못한 지가 거의 일 년이 가까워지고 있네요. 할머니 할아버지인 우리가 아빠 대신 돌봐주고 놀아준다고 해도 어찌 아빠만이 할까요?

작년 연말 귀국했을 때 만해도 이렇게 긴 시간 동안 서로 만나지 못하리라는 생각도 못했는데 꼭 만나야 할 사람을 못 만나는 이 안타까움이 어찌 우리 가족에게만 있겠습니까. 멀리서 고생하는 사위도 안쓰럽고 두 아이를 돌보며 직장에 다니는 딸도 안쓰럽기는 마찬가지입니다.

어제는 집 앞 산책길에서 서윤이가 빨간 단풍잎을 주웠습니다. 저렇게 붉게 물든 예쁜 단풍잎 낙관을 찍은 마음을 누구에게 보낼까요. 부디 저 곱고 예쁜 마음이 사랑하는 아빠에게 전해지길 빌어봅니다.

행복과 불행은 어쩌면 한 뼘 차이인지 모릅니다. 언제나 마음만 먹으면 만날 수 있었던 사람과 일상들이었지만 지금은 삶의 모든 패턴을 수정하거나 유예해야 하지만 언젠가 이룰 수 있다는 희망과 꿈을 가지면 기다림이 또 다른 작은 행복을 만들어 가겠지요. 이렇듯 우리네 삶은, 살아가는 일은 스스로 생각해도 갸륵한 일입니다. 슬픔과 기쁨, 아픔과 위로로 스스로 만들어 가는 길입니다.

갑작스레 닥친 바이러스로 혼돈의 세계가 될 것 같았던 이 낯선 행성에서의 일들도 조금씩 스스로 길을 찾아가고 있는 중입니다.

신은 우리에게 고통을 주는 대신 또 다른 은총의 선물도 주는 것 같습니다. 올해 가을은 유난히도 아름답습니다. 미세먼지도 줄었고 단풍은 더 곱게 물들어 깊은 사색의 길로 이끕니다. 이제 우리는 마음의 눈을 더 청청하게 닦아야 할 시간인 것 같습니다. 맑아진 마음의 눈으로 영혼의 안쪽을 들여다봐야 할 시간입니다. 그러면 우리는 이 끝이 보이지 않는 사막에서 우물을 찾을 수 있겠지요. 사막이 아름다운 이유는 사막 어딘가에 우물이 있기 때문이라고 한 어린왕자도 말입니다. 그러면 조금은 마음이 환해집니다.

얼마 전 추운 시장 어귀에서 생선을 파는 아주머니에게 백발의 할머니가 생선을 사더니 크림빵 하나를 불쑥 생선장수 아주머니에게 건네는 것을 보았습니다. 순간 가슴속에서 찡한 감동을 주었습니다.

추운 시장바닥에서 생계를 위해 열심히 살아가는 그 아주머니가 할머니에게는 딸처럼 안쓰러워 보였나 봅니다. 그런 모습을 보면서 어떻게 살아가고 늙어가야 하는지 조금씩 길이 보이기 시작합니다.

미국의 심리학자 로버트 에몬스(미국 UC데이비스 교수)는『감사의 과학』이란 책에서 개인의 행복을 좌우하는 요인은 유전자가 50%, 환경 10%, 행동이 40%를 차지한다고 했습니다. 타고난 유전자나 주어진 환경을 탓하는 건 부질없으니 행동을 바꿔야 할 텐데 그 핵심이 바로 감사라는 것입니다. 감사는 인간의 정신과 신체에 긍정적인 효과를 주어 건강을 증진시킨다고 했습니다.

가을은 감사의 계절입니다. 작은 일에도 감사하는 마음을 가져야겠습니다.

오늘 하루 무사히 지낸 것도 감사하고 불쑥 찾아온 코로나19 시대에도 묵묵히 견디는 당신에게도 이웃에게도 모두 감사의 마음을 전해 봅니다. 또 아름다운 가을에게도 새들에게도 바람에게도 작은 풀꽃에게도 고맙고 감사합니다. 그러면 절대 우리에게 슬픔이 끼어들 틈이 없어질 것입니다. 언제 어디서든 빛나는 삶은 수용하는 자의 몫이니까요.

* 생텍쥐페리의 『어린왕자』 인용

이현서

경북 청도 출생. 2009년≪미네르바≫로 등단. 시집『구름무늬 경첩을 열다』. 제4회 박종화문학상 수상. 현 ≪미네르바≫ 부주간

내일 만나요

전길자

코로나19가 소리 없이 전 세계를 강타하고 있다.

매일 핸드폰 카톡은 몇 차례씩 안내 문자를 보낸다 너무 자주 보는 안내문자는 신빙성을 잃은 지 오래다.

사람들은 집을 나설 때 마스크 착용을 잊어 다시 집에 들어가는 수고를 하면서도 "이런 비상시에는 나 하나 법을 지키는 것이 세계를 지키는 것"이라고 자부하면서 번거로움을 감수하고 있다.

증상이 없어도 자가 격리를 자처하며 이웃을 배려하는 외출금지는 많은 효과를 가져왔다. 이제는 비켜갈 때도 되지 않았을까를 뇌이면서 오늘도 분리수거하러 나가며 마스크를 한다.

국민의 수준을 가늠하게도 하는 마스크 착용은 효과적이지만 마스크 수요 부족으로 줄을 서가며 구입하던 시기도 지나고 이제는 집집마다 여분의 마스크를 저장하였으니 조금은 긴장이 풀리고 있다.

외출 후 손 씻기나 마스크 착용이 코로나19를 예방하고 있으니 자신을 위해서라도 계속해 나가는 것이 옳다고 믿는다.

매일 같은 일상에 지쳐 훌쩍 떠나던 해외여행도 코로나19에 치여 속수무책, 그저 바닷가나 자연의 숲 속으로 들어가는 일상으로 바뀌었으니 국내 여행도 쉽지는 않으나 둘이서 셋이서 가까운 숲이나 바다를 찾아 나서는 여행으로 바뀌었다.

해외여행은 낯설음의 미학이 더 여행다움을 선사했지만 국내를 돌다보니 나라 사랑도 하게 되어 감사함을 느끼게 되었다.

회사 일에만 전념하던 남편이 폐암이라는 진단을 받았을 때는 하늘이 노랗다는 말이 이런.거구나 하며 절망하였지만 의학이 발달했으니 한번 잘 견디어 보자는 의사의 권고를 믿음으로 받아들이고 폐암수술을 하였지만 4년 후 재발이라는 선고를 받았을 때는 희망이라는 것이 전혀 없었다. 실망과 절망으로 이제 덤으로 살아가자 결심했었을 때 담당 의사의 새로 개발된 양성

자 치료법을 권하기에 일주일에 다섯 번 치료를 5주간 받고 의사가 권하는 자연식으로 매일 부추를 갈아 마시는 일과 아침 식사를 야채식으로 바꾸었던 수고로움이 수술 후 십년을 더 살아가게 하고 있음을 감사 한다.

"절대 민간요법은 삼가고 자연식으로 건강을 지키세요. 홍삼도 영양제도 절대 복용하지 말아야 합니다."라는 의사의 권고를 잘 지켜낸 것이 오늘을 살아가게 하는 길을 만들었다고 생각하면서 일주일에 한두 번 솔숲이나 편백나무 숲에서 걷는 일을 숙제처럼 잘 지켜오고 있다.

수술 후 십 년을 살고 있으니 연수年數를 다 할 때 까지 잘 견디어 내리라 다짐해 본다.

세월이 모든 한계를 뛰어넘는 발전을 시도하고 있으니 어떤 새로운 병마가 올지라도 다시 치유 기술이 결실을 맺으리라.

백세를 넘게 살고 계신 분들의 수가 늘고 있는 요즈음 200세를 바라보는 것이 욕심이 아니라 두려움으로 다가 온다. 오래 살고 싶다는 분들은 건강하기 때문일까? 병명 없는 통증으로 시달리는 사람들이 늘어가는 이 시대에 병원 다니는 일은 노인들의 놀이가 되었다고 한다. 아침 먹고 지팡이 의지해서 이 병원 저 병원 다니면서 서로의 병 자랑으로 하루 일과를 삼는 사람들은 건강한 것이다. 병원 여행, 숲길 여행, 노인정 여행 모든 움직임이 여행이다. 혼자서 화장실 가는 날 까지만 살자. 이 작은 바람이 멀어질 때 어떻게 해야 할지 계획을 세워야 하리라.

요즘은 요양원가지 않고 세상 뜨는 게 제일 행복한 삶을 사는 사람이라고 한다. 외출했다가 집을 못 찾아오면 눈물을 참으며 요양원으로 보낸다고 한다. 나이 들면 환경을 바꾸지 말아야 하고 대화할 사람이 있어야 하며 무슨 일이나 긍정적으로 받아들이는 삶이 요양원 비켜가는 길이라 한다. 정부에서도 노인들을 위한 프로그램을 많이 만든다고 한다. 죽는 사람 수보다 신생아 태어나는 수가 적다고 하니 노인 천국이 곧 도래할 것이 아닌가?

나는 일산에 사는 덕에 호수공원을 걷는다. 호수공원을 걷는 많은 사람들 중에 어두운 얼굴의 젊은 사람은 이즈음에 보이지 않는다. 지팡이 짚고 걸으시던 나이든 어르신도 만 날 수 없다. 모두 세상을 떠난 것은 아닐지?

메타세쿼이아 길을 양손에 신발을 들고 맨발로 걷던 중년의 여인은 이제 혈색이 도는 건강미를 날리며 눈인사를 보내온다. 맨발의 걷기 운동은 두 배의 건강을 주는지? 기운 없이 첫 발을 내딛던 젊은이도 이제는 건강한 혈색으로 가벼운 인사를 보내며 씩씩하게 걷고 있다. 맨 발로 걷는다는 건 약간의 통증을 감내해야 하지 않은가? 팔십이 넘은 지인은 허리가 아파서 동네 야산을 오르내리는데 성격도 나이도 모르는 몇몇의 친구를 만나 각자 집 밥을 싸가지고 모여 점심 파티도 즐긴다고 생기가 도는 목소리로 일상을 보고한다.

살아가면서 관계를 잘 만들어 가는 것이 건강의 척도라고 확신한다는 노 여인의 해 맑은 목소리가 다시 젊은 날로 귀환하는 모습이 아닐까? 마음 하나로 지옥도 천국도 만드는 지상의 시절을 어떻게 가꾸어 갈지 내일을 기대하며 귀속에 쟁쟁 울리는 노 여인의 "내일 만나요" 라는 데이트 신청에 힘이 솟는다.

전길자

서울 출생. 숙명여대 국문과 졸업. 89년 『문학공간』 등단. 시집 『꽃의 기호』 외 7권. 한국시인협회, 기녹교 분인협회, 여성문학인회 이사, 공간시 상임시인. 숙명문학상, 기독교문학상 수상

세상의 존귀하신 분들께

조연향

제1신

설악엔 벌써 눈이 내렸다는 소식을 들었습니다. 거리의 가로수들은 붉은 잎을 떨구고 새봄을 위해 이제 고요한 잠에 들기 시작했습니다.

2020년을 돌아보면 모두 격리된 채 아무것도 하지 못하고 세월만 보낸 것 같습니다. 몹쓸 바이러스와 싸우느라 서로를 외면한 채, 살아가야 하는 이 세상은 참으로 암울하기만 합니다.

세상의 존귀하신 분들이여! 그래도 희망찬 가슴으로 오늘은 몸과 맘이 불편한 당신들의 이름을 불러봅니다. 가까이에서 위로를 해드릴 수 있거나, 멀리 있으나 가까이 계신 듯한 당신들의 얼굴들을 떠올려봅니다.

제가 가장 걱정되는 언니 그리고 오빠 또 친구, 제가 존경하는 스승님, 아 그리고 남편의 간호에 여념이 없는 가장 친한 친구, 당신들은 모두 아픈 분이고 아픈 분을 지키는 귀한 분들이죠. 그리고 언제 어디선가 서로 마주친 적 있었거나 친하게 지낸 적이 있었거나 없었거나 지구 어디에 있든지, 당신들이 내뿜은 공기를 제가 들이마시고 제가 내뿜었던 공기를 당신들과 같이 호흡하며 살아왔으므로 우리는 서로 피붙이나 다름없지 않을까요?

제가 띄우는 이 어설픈 문장으로 해서 맘이 잠시라도 환해지기를 바랍니다. 어릴 적 엄마를 대신해서 저를 씻겨주고 머리를 이쁘게 묶어서 데리고 다니던 언니여, 그렇게 위중한 폐섬유증을 앓고 있다니요, 지금까지 부모 이상으로 의지하고 살아왔는데 이제 건강이 안 좋아져 가는 모습을 보면서 이 동생은 언니를 생각하기보다는 제가 외로워질까 더 두려워지니 이기적이고 간사한 이 마음을 어찌할까요.

그래도 언제나 씩씩하고 밝게 살아가는 언니를 보면서 많이 의지하고 있는 제가 많이 아직 어리다는 생각을 합니다. 오래오래 저의 힘이 되어 주세요, 이렇게 기도를 하지요.

또 멀리 있는 친구 H야 네가 정기진료를 받으러 서울로 가끔 올라오지만 우리는 만날 수 없었지 -H, 우리 아직 더 오래 살아서 옛날처럼 여행도 하고 재미있는 시간도 보내야 하지 않겠니? 평생 교직에서 수고했고 항상 욕심 없이 살아온 훌륭한 너는 충분히 건강을 극복하고 있으리라 믿어-

아! 참 남편분 간호하느라 목소리조차 들은 적이 까마득한 나의 베스트 프랜드 J, 여름에는 평창에서 요양을 하고, 추워지면 서울에 온다고 했지. 서울 오면 연락을 한다고 했는데 아직 연락이 없구나. 친구야 우리에게도 철모르던 소녀였던 적이 있었지. 세월은 강물과도 같고 바람과도 같은 것, 그 속에서 우리는 묵묵히 그 바람을 맞으며 견뎌나가야 하겠지. 너는 정말 한 번도 짜증을 낼 줄 모르고 살아가는 것 같더구나! 나는 너에게 참 많은 위로를 얻기도 하고 욕심 많은 내 맘을 비우기도 했단다. 남편분께서 수술도 잘 되었다고 들었고 이제는 잘 회복해 가는 중이라 생각한다.

제2신

지금 병환에 계시는 스승님께도 정말 죄송한 맘이 앞서고 매우 마음이 무거워집니다. 저의 논문을 지도해 주시고, 저의 앞날에 항상 희망과 격려를 해주시던 선생님, 멀리서 쾌유하시기를 늘 기도드립니다. 편찮으시다는 소식을 들었을 뿐, 지난날 제가 입었던 은혜를 되돌려드리지 못했음이 늘 맘에 걸립니다.

그래도 당신들은 늘 가까이 계시는 듯합니다. 아직 저를 알아봐 주고 서로 안부를 묻을 수 있고 소식을 들을 수 있는 것만으로도 감사하다는 생각을 하게 되지요.

그리고 또 멀리 계시는 분들이라 할지라도, 거리를 지날 때 연로하신 분들을 한 번 더 뒤돌아보듯이, 세월만큼 저보다 많은 아픔을 겪으신 당신들 모두 존경스럽기 그지없습니다.

한 시대를 건너오시느라, 몸과 마음이 그렇게 아픈 줄도 모르고 살아오셨겠지요. 당신들의 삶이 자신의 일신만을 위해서 살아오시지 않았으므로, 그 아픔 또한 당신의 일만이 아닙니다. 자식들과 후대를 위해 열심히 살아온 훈장이라 하면 많이 실례되는 일인가요?

또한 오래 살지도 않은 젊은 분들께서도, 몸이 불편하시다면, 더더욱 맘 아픈 사실이지만, 앞으로 빨리 쾌유하셔서 햇빛을 받으며 세상 밖으로 활짝 나오시기를 기도드립니다.

병명이 없어서 그렇지 우리 모두 조금씩 아프기도 하고 슬프기도 하고 고통스럽기도 한 시간을 보내고 있지요. 그러나 당신들만큼은 아니지요. 조금만 아파도 엄살을 떨고 못 견뎌하는 제가 참 부끄럽기도 합니다.

몇 년 전 등이 너무 아파서 병원에 갔더니 엑스레이 사진을 찍으라고 해서 사진을 찍었습니다. 검은 바탕에 허옇게 드러나는 등뼈 사진을 들여다보는 순간, 제 몸 속에서 말없이 있었던 등뼈와 장기가 그렇게 고마울 수가 없었습니다. 그동안 무슨 힘들이 나를 살아가게 하는지 그 고마움을 몰랐던 것이지요. 그래서 저는 이런 졸시를 쓰기도 했지요.

엑스레이 사진

나의 등뼈를 보았다
두꺼운 살점에서 훌훌히 빠져나와
모처럼 햇살을 받으며 허옇게 뻗어있다
끝내 벗어날 수 없었던 내 영혼의 집
그 등 너머 언제나 서늘한 해가 지고
앙상한 별이 떠올랐다.
살 속 깊이 하얗게 어둠 밝히며
모든 뼈들이 의지의 깃발을 세우고
일어섰지만,
문득,
돌아볼 수 없는 삶의 뒤쪽에서
비에 젖고 바람에 잎새 지듯
오늘도 비어만 간다
가난한 영혼을 지키던
길고 긴 날의 아픔 위에
햇살이 환하게 비쳐들고 있다

중요한 것들은 숨어서 아픔을 견디고 있는지도 모르겠습니다. 보이지 않는 곳에서 제가 미처 찾아뵙지 못하는 사이, 당신들은 세상에 드러나지 않은 채 아픔을 견디며 오늘도 마음 속 깃발을 펄럭이고 있겠지요. 언젠가는 이 몹쓸 바이러스가 멀리멀리 공중으로 날아가 버리기를 간절히 기도드립니다.

두 달 전부터 저는 대상포진을 앓고 있습니다. 누군가 저에게 말합니다. 몸은 마음의 영향을 받는다고요. 사실은 대상포진이 오기 전 어떤 일이 좀 안 풀려서 혼자 전전긍긍하면서 화를 참은 적이 있거든요. 그러더니 가슴 부위에서부터 발진이 시작되더군요. 당신들의 아픔에 견준다면 이 정도는 아픔이라 할 수 없겠지요. 하지만 아주 작은 아픔에서부터 중병으로 이어진다는 것은 사실이니까요. 저는 그 후 마음을 조금씩 내려놓는 연습을 한답니다. 내 나쁜 감정을 나의 신께 바치는 기도를 합니다. 조금씩 마음이 편안해지고 점점 아픈 부위도 좋아질 때도 있더군요.

물론 당신들께서는 최선을 다해서 의술의 도움을 받으면서 자신의 신께 기도를 드리고 있겠지요. 어쩌면 멀지 않아 훌훌 털고 일어날 수 있는 기적 같은 일이 일어날지도요. 세계를 정복한 알렉산더 대왕은 병사들에게, "네 속의 신을 꺼내 보아라." 이렇게 말했답니다.

물론 이 우주를 관장하시는 절대자이신 신이 계실 테지만, 우리 인간 자신도 그 절대자 못지않은 존귀한 존재자가 아닐까요. 절대자이신 신의 가호 아래 당신의 존귀한 능력과 합해지면 기적이 일어날 거예요.

지금 우리 인간들이 함께 마스크를 끼고 아픈 지구에 몸을 붙이고 살아가고 있습니다. 보이지 않는 바이러스는 물리치기 위해 기도합니다. 지금 아픔과 고통을 겪고 계시는 여러분께서도 무척 존귀하신 분들이며, 어서 일어나서 자신의 위치로 돌아가서 자신의 능력을 발휘해야 할 것입니다.

때로는 저의 하루가 무사하고 아무 탈 없을 때, 멀리 계신 분들에게 감사를 올리기도 합니다. 우리의 삶이 각자 개인의 몫이겠지만, 결국 어디서 왔다가 어디로 가는지에 대한 사실은 명백하게 같은 과정에 놓여 있는지도 모르겠습니다. 저 역시 언젠가는 당신들의 기도와 염려를 받는 상황에 처하게 될지도요.

아픔이 아픔으로 끝나지 않고 시련이 시련으로만이 끝나지 않고, 반드시 환한 꽃길이 기다리고 있다고 믿어봅니다. 내일은 더 밝은 내일의 해가 떠오르기를 희망하면서 오늘을 견딘 저와 당신은 모두 존귀하다는 것을 속으로 외쳐봅니다.

조연향

2000년 『시와시학』으로 등단. 시집 『제 1초소 새들 날아가다』 『오목눈숲새 이야기』 『토네이도 딸기』, 저서 『김소월 백석 민속성 연구』. 경희대 국문학과 대학원 졸업(문학박사). 경원대, 경희대, 육군사관학교 문예창작 지도교수 역임.

수양버들 아래 그녀

최동은

나는 지금 수양버들 줄지어 서있는 강물을 바라보고 있다. 흐르는 물을 거슬러 오르는 물고기들이 튀어 오르다 미끄러지고 미끄러지다 다시 튀어 오른다. 잔물결 위로 이른 봄날 오후의 햇빛이 반짝인다. 물오리 몇 마리 유유히 헤엄친다. 무리에서 떨어져 연신 자맥질하는 오리 한 마리. 한참 물속을 뒤지다 물 위로 올라온다. 물오른 버들가지가 싹 틀 준비를 하고 있다. 곧 가지마다 연두 잎이 피어날 것이다.

"나 오늘 머리를 깎았어. 모자도 샀어. 검정모자와 핑크모자 그리고 털 달린 모자도. 머리 깎기 전에 사진도 찍었어. 억지로라도 웃어보려고 하는데 그럴수록 눈물이 났어."

눈물을 참으려던 그녀의 지난 시간들이 물 위에서 반짝인다.

"여기는 9층 병실이야. 처음 이곳에 왔을 땐 병원 앞 공원에 은행나무 잎이 푸르렀는데 지금은 노랗게 물들어 흩날리고 있어. 몇 번씩 입원하고 퇴원하는 동안 이파리들의 색이 저리 변하네. 링거줄을 빼고 나가서 노란 이파리를 한 줌 주워보고 싶어. 근심 없고 즐거웠던 옛날 생각이 나서 속으로 한참 울었어."

울먹거리며 전화하던 그녀의 목소리를 들으며 그저 듣고만 있던 순간들이 떠오른다. 오리들은 줄지어 물 위를 돈다. 따듯한 바람에 수양버들 가지가 흔들리고 마른 풀들 사이로 햇빛이 파고든다.

'오년을 잘 넘겨야 한다고 했어. 통증이 없는 잠깐 동안은 금방 다 나은 것 같아 집에 가도 될 것 같은 생각이 들어. 진통제를 맞고 잠속으로 깊이 빠져드는 날이 많아. 깨어나도 유리창 밖이 안개 속처럼 뿌옇게 멀어 보여. 어떤 날 새벽에 잠이 깨면 푸르스름한 불빛 속이 너무 조용해서 창문으로 뛰어내리고 싶은 생각도 들었지. 저 아래가 얼마나 먼 거리인지 까마득할지 헤아리지도 못하면서……' 그녀의 문자를 보며 나는 불안하고 우울해하는 그녀가 빨리 아픈 시간들을 이기고 집으로 돌아가기만을 기도했다.

암이라는 진단을 받았을 때 그녀는 그 자리에 털썩 주저앉았다고 했다. 정신을 차렸을 때 맨 처음 생각난 게 아직 결혼하지 못한 딸아이였다고 했다. "내가 없으면 저 아이가 괜찮을까, 외롭지 않을까, 어디에 기대고 살아갈지…." 등등의 걱정을 하는 걸 들었다.

"이젠 혼자서도 잘 살 거야. 그런 걱정하지 말고 네 치료에만 집중해." 어떤 위로를 해주어야 할지 내가 해줄 수 있는 말은 빈약했다.

그녀는 느닷없이 닥친 시련을 잘 이겨냈다. 절망적인 시간도 잘 참았고 치료에 집중했다. 그녀와 그녀의 가족들이 함께한 그 시간들은 이른 여름날 갑작스런 천둥처럼 지나갔을 것이다. '사람은 누구나 스스로 건너야 하는 자신만의 사막을 가지고 있다.'는 구절을 어느 영화에선가 본 기억이 났다. 우리는 모두 자신만의 사막에서 스스로를 이겨내고 살고 있지 않은가.

투병생활을 마친 그녀는 현재 잘살고 있다. 손주를 돌보기도 하고 매일 뒷산을 산책하면서 '이 순간들이 행복해.' 하면서 눈을 가늘게 뜨고 햇빛을 받고 있는 사진을 보내온다. 그녀가 보내오는 문자와 사진을 보며 한편으론 고맙고 한편으론 그때 그녀의 계절을 함께 아파하지 못해 미안한 마음은 여전하다.

입원하기 전 수양버들 아래서 그녀와 찍은 사진의 잔상이 물위로 흘러간다. 둘이 손을 잡고 똑같은 모자를 썼다. 물위로 떨어지던 그녀의 눈물은 지금은 어디쯤 흘러갔을까. 아마도 큰 물길을 따라 흘러갔을 것이다.

물속으로 고개를 집어넣고 먹이를 찾는 오리는 강물의 위쪽과 아래쪽을 부지런히 옮겨 다닌다. 몇 번씩 헛고갯짓을 하면서 또 물속으로 머리를 집어넣는다. 오리는 물속 더 깊은 곳을 들여다보았을 것이다. 물풀 사이 숨어있는 물고기의 숨소리도 들었을 것이다. 스스로 깊게 숨 쉬는 방법을 알았으리라.

전화 속에서 그녀의 웃음소리가 굴러 나온다. 밝고 투명하다. “오늘 분홍 백일홍이 한꺼번에 피었어. 네가 사준 제라늄은 사철내내 피네. 너무 예뻐서 집안 곳곳이 화사해… 안녕 꽃들아 잘 잤니? 내가 아침마다 하는 인사야.” 까톡까톡까톡 꽃들의 인사를 줄줄이 보내준다.

수양버들은 곧 연두 잎을 틔우고 물속까지 초록으로 물들일 것이다.

깊고 어두운 터널을 지나온 그녀.

홀로 거대한 소용돌이를 빠져나온 그녀.

그녀가 하루하루를 새롭게 맞으며 고맙게 잘 살고 있는 강물 저쪽이 환하다.

최동은

2002년 ≪시안≫ 등단. 시집『술래』

안녕, 소중한 내 동생

한미영

경아, 10월 하순인데 날이 차가워. 아침에 한강 둘레길 걸으면 어디선가 겨울이 툭 튀어 나올 것만 같아 조마조마해. 그래서 시월을 마음껏 즐기지 못하고 매일 가을을 감시하는 기분이야.

아마 오서방이 떠난 다음해 늦가을이었을 거야. "나는 겨울이 싫어. 추운 게 너무 싫어."라고 네가 말하던 때가. 그래서인지 경아, 가을이 깊어지고 날이 쌀쌀해지면 언니는 네가 생각 나. 그때 네가 나에게 한 그 말이 생각이 나.

문득 오늘은 추위 걱정할 너에게 마음편지를 쓰고 싶었어. 아니 어쩌면 이 글은 너보다 조금 먼저 너와 비슷한 슬픔을 겪은 나에게 주는 위로일지도 몰라. 누구에게 주는 위로이든 설사 이 글이 우리의 현실에 아무런 위로가 되지 않는다 해도 이 가을 나의 슬픔과 너의 아픔을 모아 한번 정리하고 싶었어.

돌아보니 우리 자매는 삶이 그닥 순탄치 않았어. 모친은 모성애와 반비례하는 자녀수로 일가를 완성했지. 남존여비는 동네에서 둘째가라면 서럽다 할 정도여서 딸들을 동원해가며 큰아들을 극진히 모셨어. 반면에 큰딸인 나와는 집안일을 참 공평하게 나누고 싶어 했어. 거기다 모친과 부친의 부부싸움은 어찌나 스펙터클하게 반복되었던지 우리 오남매는 일이 주에 한 번은 다락방에서 새우잠을 잤고 한두 달에 한 번은 한뎃잠을 잤던 거 기억나지. 때문에 부모님과 함께 살던 우리의 유년은 불안이 심했어. 다행인지 불행인지 나는 초등학교 고학년 때 집을 떠나 외지로 나와 공부를 시작했는데 몇 년 사이 너를 포함해 세 동생이 합류하여 본격적인 객지 생활이 시작됐어. 부모님 없는 꼬마 어른들의 객지 생활은 참 측은했어. 그 측은한 기억 속에는 세월이 흘러도 지워지지 않는 장면이 있어. 석양 무렵 노을을 배경으로 자취집 공동수도 앞에 앉아 그릇 씻던, 아침밥 먹은 그릇에다가 언니 오빠 도시락까지 더해져 설거지거리가 산더미 같았던 빨간 다라이, 그 틈바구니에 앉아 대문 들어서는 나를 보고 웃던, 얼굴에는 마른버짐이 드문드문 핀 11살 꼬마. 야간자습 전에 너희들 저녁 밥 걱정이 되어 학교에서 잠깐 내려왔다가 그 모습을 보고 나는 너에게 심하게 화를 냈던 걸로 기억해. 언니가 다 할 건데 왜 공부 안 하고 여기 앉아 있느냐고 말이지. 사실 속으로는 고마웠었어. 나는 꼬마 가장 역할이 힘겨웠고 그때 내 나이는 겨우 16살이었으니까.

생각해보면 그 나이에 감당할 현실이 아니었기에 그때의 기억들은 찜찜한 흉터로 아직 남아있어. 시련이 역설적 가치가 있는 건 분명하지만 부작용도 만만치는 않다는 것을 우리는 경험으로 알게 됐고 그래서 자식은 귀하게 키워야 한다고 믿게 됐지.

지금도 의문인 것이 모친은 그때 왜 자식들만 객지에 버려놓고 부친 곁에 바짝 붙어 있었을까? 툭하면 치고받고 남녀평등하게 싸워대던 것으로 봐서는 사랑 때문은 아닌 것 같아. 다르게 생각해보면 객지 고생이 싫었거나 아님 셋방살이한다고 아래로 볼 것 같은 남의 시선이 부담스러웠겠지. 문제는 모친의 그 이상행동이 여전히 현재진행형이고 그래서 우리를 창고 털린 다람쥐 눈빛으로 평생을 슬픔 속에서 살게 한다는 사실이야. 그래도 엄마니까 굳이 이해하자면 모친도 어린 시절 고생이 심했다고 하더라. 그 트라우마 때문에 자기보호본능이 강해져 자식의 창고를 털어서라도 내 몸만 편하고 보자는 심보가 하나 더 달려 버린 것 같아. 하여간 나는 고등학교 대학교 모두 장학금 받아 공부를 마쳤고 또 너도 자력으로 지극히 정상적인 남자와 결혼하여 자식 낳아 키우며 열심히 살았어. 상식적인 부모 아래 살지 못한 게 한이 되어 좋은 엄마가 되자고 다짐하면서 말이지.

고진감래였을까. 어렵던 살림들은 제자리에 차곡차곡 쌓이고 생활은 안정되었어. 그렇게 잘 살고 있었는데, 그런데 어느 날 갑자기 생각지도 못한 이별이 찾아왔어. 남들보다 이른 나이에 나는 남편을 떠나보냈고 나를 따라하듯 너도 가장이 됐어. 사설을 풀다 보니 이 슬픈 역사는 모친의 부정적 캐릭터가 뿌리라는 생각이 든다. 하나의 결과에는 여러 원인이 섞여 있을 텐데 굳이 모든 원인을 모친에게서 찾는 것을 보면 나도 모성애 트라우마가 심하다 그지. 여하튼 시간이 흘러 너의 형부와 나의 매부가 하늘나라로 떠난 지도 여러 해가 지났다. 서로를 쓰담쓰담 해주고 싶도록 우리 잘 극복하고 있지만 그래도 가끔 생각한다.

무엇이 문제였을까. 모성애 결핍 외에 특별한 문제가 없었는데 삶의 길이 왜 이렇게 좁아졌을까. 또 아무리 생각해도 이 골목길이 어디서 시작된 것인지 또 어디서 끝날 것인지 나는 모르겠어. 다만 막연히 언젠가는 다시 대로가 나타날 거라 믿을 뿐이야. 그래서 희망을 포기하지 않고 하루하루 열심히 살 뿐이야. 그런데 어쩌면 대로인지 골목길인지는 중요하지 않을지도 몰라.

칼릴 지브란이 말했어. 길은 어느 길이든 그 끝에는 무엇인가가 있고 어느 길을 걷든 걷는 중에는 기쁨과 슬픔을 만난다고. 현재의 삶을 부정하지 말라는 뜻이겠지. 그래, 중요한 건 길의 크기가 아닐 거야. 다만 우리가 우리 앞에 놓인 이 길을 바르게 걸어가는지 고민하며 사는 것이지. 바르게 걷는다면 길 끝에 무엇이 기다리고 있든 두려워하거나 부끄러워 할 이유는 없지.

오늘은 네 형부 수목장에 다녀왔어. 여행 가듯이 한 번씩 들러 달라 했던 그이 유언 덕분인지 간 김에 선재길을 걸어 상원사에 다녀왔어. 가을이 한창이더라. 평일인데 나이 지긋한 부부가 꽤 많이 눈에 띄었어. 떡갈나무 단풍을 배경으로 어떤 부부가 사진을 찍는데 그 모습에 눈길이 갔어. 문득 나를 돌아보게 되더라. 쓸쓸했어. 집에 와서 웨이브를 클릭했어. 위로가 필요할 때 언니는 요즘 드라마를 봐. 사람보다 드라마가 편한 나이가 된 거지.

남자 주인공과 여자 주인공이 이별을 하고 있었어. 사랑의 시작은 신의 뜻이었다고 남자는 말하고, 여자는 사랑받은 기억은 어디서든 사는 힘이 될 거라고 말해. 운명을 탓하지 않고 이별을 긍정하는 그들의 모습이 아름다웠어. 그 모습에 너희 부부가 겹쳐지더라. 오서방의 사랑은 저 드라마보다 더 드라마 같지 않았나 해. 생전에 오서방이 너와 네 두 딸을 얼마나 사랑하고 아꼈는지는 나도 잘 아니까. 그렇지만 이건 현실이니까 너의 이별이 저 가상의 드라마처럼 수월할 수는 없겠지.

엔딩에서 남자 주인공은 자신의 사랑을 이렇게 정의해. 빛이 건물에 닿기 전에는 형체를 알 수 없다고. 사랑은 자기 청춘의 빛이었다고. 그 말을 들으면서 생각했어. '아, 오서방의 사랑이 너에게는 인생의 빛이었겠구나.' 하는.

그런 말 있잖아. 인생은 멀리서 보면 희극이고 가까이 다가가면 비극이라고 말이야. 그래서 우리는 자주 나만 불행하다는 생각에 빠지는 것 같아.

경아, 우리 지나간 것은 지나간 대로 두자. 멀리 보자. 살다가 어느 눈 쌓인 밤길을 걸을 때는 오서방의 사랑이 네 어두운 길을 환하게 밝혀줄 빛이 될 거야.

카톡을 보는데 네 프로필 사진이 오서방 생전의 모습으로 바뀌었구나. 무언가를 응시하는 매부의 시선이 평화롭게 느껴진다. 네가 남편 사진을 카톡에 올려놓은 걸 보니 "언니 힘들어." 하는 네 목소리가 들리고 쓸쓸한 네 마음이 읽혀. 그러나 언젠가는 너의 이별을 긍정하는 날이 올 거라 믿어. 그때가 되면 참을 수 없을 만치 그리웠던 지금의 그리움까지도 그리워질 테지.

다음 주엔 언니 동네로 네가 오렴. 우리 손잡고 맛있는 거 먹으러 가자. 추위 걱정은 잠시 내려놓고 하루를 즐겁게 보내자. 깔깔깔 웃다보면 어디서 겨울이 툭 튀어 나와도 조마조마하지 않을 거야. 그렇게 오늘도 웃고 다음날도 그 다음날도 웃자. 웃으면서 우리에게 주어진 이 좁은 골목길을 따박따박 걷자. 두렵지도 부끄럽지도 않은 엔딩을 위하여.

안녕, 소중한 내 동생.

한미영

2003년 ≪시인세계≫ 등단. 시집 『물방울무늬 원피스에 관한 기억』 있음.

진달래꽃이 필 때마다

그리운 어머니께

권순자

어머니, 그동안 평안하신지요.

차가운 공기가 허공을 채우고 햇살이 금빛 그리움처럼 번져 오는 아침에 당신과 함께한 늦가을을 떠올립니다. 가을이면 커다란 감나무 아래에서 어머니와 함께 감을 따곤 했지요. 그래서 날씨가 차가워져가고 감나무의 감이 하나 둘 노랗게 물들어가는 때가 다가오면 어머니와 감을 따던 마당의 감나무와 탱글탱글하게 익은 감이 떠오릅니다. 맛있는 감을 먹거나 할 때에도 어머니가 생각납니다.

며칠 전, 울쿤 감 이야기를 하다가 갑자기 어머니 생각이 떠오르면서 동시에 울쿤 감이 무척이나 먹고 싶어졌더랬어요. 침이 넘어가고 가슴이 달구어져갔죠. 마트에 가면 요즘에는 홍시가 진열장에 붉은 얼굴로 유혹을 하는 시절이에요. 어느 마트에 가든지, 시장에 가든지 간에 쉽게 홍시를 구할 수 있지요. 또 단감도 얼마나 맛있는지 모릅니다. 그럼에도 저는 울쿤 감이 먹고 싶어서 안달이 날 지경이었어요. 그러나 울쿤 감을 따로 만들어 판매하는 곳을 찾지 못했어요. 어쩔 수 없이 제가 직접 만들어 먹는 방법밖에 없었어요. 이 도시에서 울쿤 감을 만들어 먹으려면 먼저 생감을 구해야 했어요. 생감을 주문하고 나서 들뜬 마음으로 감을 기다렸어요.

올해는 코로나로 인해 일상이 팍팍해져서 어머니가 더 그리운지도 모르겠어요. 길을 걷다가도 답답한 마음에 하늘을 쳐다보면, 파란 하늘을 배경으로 키 큰 감나무에 몇 개 달린 감이 눈에 띄면 얼마나 마음이 설레던지. 그 순간 바로 어린 시절로 기억이 쏜살같이 달려가니까요.

어제는 주문한 생감 한 박스가 도착했습니다. 상자의 포장을 열자 수많은 잘 익은 오렌지색 감들이 가슴을 활짝 열고 저를 반겨주었습니다. 어머니와 감을 따고 다듬던 지난날이 한꺼번에 제 앞으로 훌쩍 다가왔습니다.

가을이면 높은 감나무의 감을 따기 위해서 어머니와 아버지는 긴 장대 끝을 갈라 뾰족하게 깎아내어서 감을 따는 도구로 쓰셨지요. 저는 감을 받아서 바구니에 담고 고운 감은 고운 것끼리, 흠집 난 감은 흠집 난 것끼리 따로 정리했고요. 어떤 때는 제가 장대를 잡고 감 하나를 따보겠다고 거들었어요. 고개를 뒤로 젖히고 긴 장대 끝이 감을 조준하느라 흔들리는 것을 어떻게든 단단히 움켜잡고 애쓰던 일이 기억이 납니다. 겨우 한 개 감을 따서 내릴 때 어머니는 저를 얼마나 대견해하셨는지요.

많은 감 중에서 먼저 우려낼 것을 골라냈어요. 울쿤 감을 떠올리니 침이 고였어요. 어머니, 기억하시죠. 단감이 귀한 시절, 떫은 감으로 어머니는 우려먹는 방법을 알려주셨어요. 색깔은 불그레하게 익었지만 여전히 떫은 감을 항아리에 담고 미지근한 소금물로 채웠지요. 사오일 지나서 어머니는 달콤해진 감을 꺼내서 잘라 주셨어요. 한 입 베어 먹어보면 떫은맛이 사라지고 입 안에서 씹히던 달콤한 맛이 최고였어요. 나는 그 감을 얼마나 기다렸던지.

떫은맛이 다 우러질 때까지 기다리다가 참지 못할 때도 있었죠. 참지 못하고 떫은 감을 먹고는 변비로 고생을 한 기억도 납니다.

우릴 감은 통에 담아 미지근한 소금물로 채웠어요. 예전에는 항아리에 담아서 방안 따뜻한 아랫목에 두고서 솜이불로 꼭꼭 싸매두었던 기억이 나요. 이번에는 감을 담은 통을 두꺼운 담요를 찾아 여러 겹으로 싸서 부엌 한 켠에 두었어요. 사오일 지나서 한번 확인해보아야겠어요. 어머니가 해주시던 그 맛이 나올지 기다려볼게요.

남은 감 중에서 반 정도는 홍시용으로 했어요. 베란다에 신문을 여러 겹 깔고 두꺼운 종이를 깔고 그 위에 꼭지를 손질한 감을 나란히 펼쳐 두었어요. 햇살에 홍시로 잘 익어가라고 양지 바른 창가에 나란히 펴서 두었어요. 남향이라 베란다에서 따끈따끈한 햇살을 받아서 저 혼자 익으며 더욱 붉고 말랑말랑한 홍시로 변해가겠지요.

나머지 서른 개 정도는 껍질을 벗겼어요. 꼭지 부분을 정리하고 한 알씩 쥐고 껍질을 예쁘게 잘 깎아냈어요. 어머니와 제가 예전에 했듯이. 이번에는 제가 아이와 함께 감 껍질을 벗기는 일을 했어요. 둘이서 한참 걸렸죠. 껍질을 깎은 감을 납작한 소쿠리에 담아서 바람 잘 통하는 그늘에 두었어요. 서늘한 바람에 마르며 맛있는 곶감이 되어가겠지요. 어릴 적에 곶감이 되어가는 것을 지켜보면서 가슴 졸이며 기다리곤 했지요. 어떤 때는 어머니 몰래 처마 밑에 걸어둔 곶감을 몰래 하나씩 빼 먹기도 했어요. 어머니는 곶감이 하나씩 없어지는 것을 알아도 모르는 척 해주셨지요. 어머니의 깊은 마음을 나중에야 알게 되었어요.

어머니,

어머니는 제가 세상살이에 힘겨워 못 견뎌할 때 저의 소금물이 되어주었어요. 저 스스로 힘들고 불만일 때 어머니를 떠올리면서 떫고 별 도움 안 되는 생각을 우려내곤 했어요. 제가 위축되고 소심해져 있을 때 어머니는 조용한 음성으로 저를 북돋아주고 응원해주었지요.

어머니,

어머니는 지금은 어디에도 없지만 또 제가 있는 어디에나 있어요. 처음에는 어머니를 잃고서 어머니가 없는 세상에 적응되기가 참으로 어려웠어요. 얼마나 외롭고 쓸쓸하던지요. 어머니의 부재를 받아들이기 힘들었습니다. 그러다가 언제부터인가는 어머니가 제 마음 속에 머문다는 것을 깨달았어요. 그런 다음부터는 제 마음이 평안해지고 어머니가 그리우면 조용히 어머니와의 시간을 되살려보곤 했습니다.

어머니, 언제나 따뜻하게 웃어주시고 응원해주시던 음성이 기억납니다.

너는 나의 소중한 딸이야. 나는 항상 너를 믿는단다.

어머니, 어머니의 멋진 딸로 즐겁게 살게요.

어머니도 늘 평안하시길 빌어요.

어머니의 소중한 딸 올림

권순자

1986년 《포항문학》에 「사루비아」 외 2편으로 작품 활동 시작, 2003년 《심상》 신인상 수상. 시집으로 『우목횟집』『검은 늪』『낭만적인 악수』『붉은 꽃에 대한 명상』『순례자』『천개의 눈물』『청춘 고래』『애인이 기다리는 저녁』 등이 있으며 산문집 『사랑해요 고등어 씨』가 있음.

진달래꽃이 필 때마다

김밝은

엄마!

징하게 오랜만에 엄마에게 편지를 쓰네. 우리 엄마 깜짝 놀라겠다. 전화도 잘 안하는 년이 별난 짓 한다고. 아흔을 넘기고도 아직 입담까지 건강한 우리 엄마. 엄마의 잔소리 아닌 잔소리가 요즘은 얼마나 감사한지 모르지?

초등학교 2학년 무렵인가부터 엄마에게 편지쓰기를 시작해서 중학교 때까지 했으니 어쩌면 그때의 편지쓰기가 내가 글을 쓸 수 있는 밑거름이 돼 준 건 아닌가 생각하곤 해. 철없을 때였는데도 '엄마' 라는 두 글자만 써도 자꾸 눈물이 나서 편지 쓰기가 싫기도 했는데, 엄마의 손길이 묻은 편지를 빨리 받고 싶어서 틈만 나면 편지를 썼던 것 같아. 그런데 참 희한하게 그때 내가 무슨 말을 썼는지, 또 엄마는 무슨 말로 답장을 해줬는지 지금은 하나도 기억나지 않고, 또 그 많은 편지들은 다 어디로 갔는지 한 통도 남아있지 않을까. 할머니가 청승맞다며 아궁이에 넣어버린 것도 같아. 그러면서도 무슨 말을 썼느냐 어깨너머 묻곤 했던 것 같고…

어릴 적이었는데도 무슨 청승이었는지 유난히 슬프게 느껴지던 때가 진달래 피는 봄이랑 가을날 노을을 지고 가는 기러기 떼를 만날 때였어. 진달래가 필 때면 서울에서 엄마가 만지면 보들보들한 촉감의 옷을 입고 내려오곤 했잖아. 엄마가 내려올 때는 그렇게나 환하게 보이던 진달래꽃이 며칠 뒤 엄마가 가버린 뒤 보면 왜 그렇게 슬픈 분홍이던지, 지금도 진달래꽃을 보면 기쁨과 슬픔이 묘하게 교차하곤 해.

가을에는 사다리를 여러 개 연결해서 위로 위로 올라가보고 싶던 날들이 많았는데 노을을 이고 긴 행렬로 하늘을 날아가는 새들을 보면 또 눈물이 났던 것 같아. 새들은 엄마가 있는 서울로 자유롭게 날아가는 것 같아서….

속도전을 하는 100미터 달리기처럼 날쌔게 세월이 지나가서 그땐 엄마가 지금의 나보다 젊을 때였는데 지금은 그때의 엄마 나이보다 내가 더 나이가 많으니 시간이 너무 순식간에 지나가 버렸지?

몇 년 전 마지막일지도 모르니 고향에 한번 가보고 싶다는 엄마 덕분에 언니랑 같이 우리 고향 해남까지 갔던 거 기억해? 다리가 불편해서 걷기가 힘들면서도 아무 내색도 안하고 아이처럼 들떠 있던 엄마가 생각나네. 이젠 목포에서 해남까지 육로가 연결돼서 배를 타지 않고도 바로 고향에 갈 수 있어 좋다고, 가을 전어를 먹으며 예전에 먹었던 그 맛이라며 참 맛나다고 행복해 하던 엄마 모습이 마냥 소녀 같아서 또 눈물이 났었는데, 자주 가자고 말만 해놓고 그 이후로는 가질 못했네.

마음으로는 걱정을 하면서도 명절에나 만나러 가게 되서 늘 미안하고, 생각지도 않던 '코로나19' 때문에 바깥바람을 만나기 어려운 때라 집에만 있기 답답할 엄마가 걱정되는데, 좋은 이웃을 만나 사람 사는 정을 나누며 살고 마음 고운 수양딸도 생겨 더 즐겁게 지낸다는 엄마. 어려운 살림에도 이웃에게 정을 베풀곤 하던 엄마에게 늦게나마 하늘이 복을 돌려주시는 것 같아. 수양딸 되신 분이 돌아가신 친정엄마에게 못해드린 게 걸려서 엄마한테 더 잘한다는 말을 듣고 나도 언젠가 엄마가 먼 곳으로 떠나고 나면 그런 마음일 것 같아서 한 번이라도 더 엄마 얼굴 보러 가야지 하는데 마음처럼 안 되네.

잘나가시던 외할아버지 덕분에 부족함 없이 지내다 가난한 집에 시집와 참 많이 고생했다는 우리 엄마. 어떤 어려움 앞에서도 언제나 씩씩하게 보이던 엄마가 이해가 안 됐었는데 가장 역할까지 하면서 힘든 내색 없이 살아내느라 엄마의 속엔 바윗덩이가 턱하니 들어앉아 있었다는 걸 너무 늦게 깨달았어.

요즘 언니랑 나만 보면 묻어두었던 옛날이야기 하느라 재미붙인 것 같은 우리 엄마. 굴곡 많은 엄마의 인생 이야기를 듣노라면 소설이 몇 편쯤 나올 것 같은 생각이 들어. 어떻게 그 세월을 헤쳐 나왔는지, 같은 여자로서 엄마가 안쓰럽고 존경스럽기도 해.

어렸을 적엔 곁에 없는 엄마를 많이도 원망했어, 아마 그때 쓴 편지에는 서운한 마음만 가득 했을 텐데, 그때 엄마 마음은 또 얼마나 아팠을까. 지금 생각해보면 참 철없는 딸이었나 봐.

엄마는 지금도 나만 보면 "시어머니에게 잘해라. 아무리 힘든 일도 마음먹기 달렸다. 좋은 끝은 있어야" 하고 말하는데 나는 엄마 같은 삶은 감히 엄두도 못 낼 것 같아. 그래도 공부만은 엄마처럼 포기하지 말라고 늘 응원해 줘서 결혼 후 뒤늦게 대학교 공부를 하겠다 할 때도, 돈도 되지 않는 시를 쓴다고 할 때도, 이제 더 늦은 나이에 대학원 공부 시작했다고 해도 "내 딸 장하다."고 박수쳐 준 우리 엄마. 이젠 내 등록금 걱정에 새벽기도 하느라 더 바빠지겠네.

엄마!

고개 들어 보니 단풍이 참 예쁘게 물든 가을이네. 올해는 코로나 때문에도 엄마랑 나들이 한번 못했는데 진달래 피는 봄에라도 우리 해남에 가자. 반세기 넘은 타향살이에도 버리지 못한, 정다운 친구처럼 입만 열면 쏟아지는 걸쭉한 전라도 사투리를 거기 가서 맘껏 뽐내보는 건 어때?

엄마, 우리 그리운 해남에 꼭 가자. 난 엄마에게 그다지 살갑지 않은 딸내미지만 진달래 피는 봄날 가서 엄마 치마 가득 진달래꽃 따서 담고 오래전 그리움도 데려다 놓고 〈여자의 일생〉이나 〈아씨〉같은 노래도 같이 부르며 놀아보자. 이번엔 전어보다 더 비싼 세발낙지도 먹자.

그리고 엄마!

이젠 엄마 나이를 생각해서 행주 같은 거 너무 자주 삶지 말고, 양말에 구멍 나면 꿰매신지 말고 새 양말로 바꿔 신고…. 제발 그렇게 해. 너무 아끼지 말고 맛있는 것도 사서 먹고. 알았지! 엄마?

엄마도 지금쯤 바람에 날리는 낙엽을 보며 '오매, 아깝다, 아깝다' 하고 있겠네. 갑자기 엄마가 보고 싶다. 그래서 엄마에게 읽어주고 싶은, 엄마 막내딸이 쓴 시 「자미화」 한 번 읽어볼래?

천년의 눈물을 껴안은 몸뚱이로도
당신 그늘은 그렇게나 곰살맞아서
대책 없이,

자미화 자 미 화 자 미 화 …
미
와
자
미
와

⋮

깨어보니 내 분홍의 시간 다 지나가버렸습니다

엄마! 오늘도 많이 웃으면서 편안한 하루 보내! 사랑해 엄마!

사랑을 담아, 엄마의 쪼깐한 막내딸이

김밝은

1964년 해남 출생. 한국방송대학교 교육과 졸업. 2013년 ≪미네르바≫로 등단.
시집 『술의 미학』『자작나무숲에는 우리가 모르는 문이 있다』, 제3회 시예술아카데미상 수상. 현재 한국문인협회 편집국장

나의 라임오렌지나무들

김서은

제1신

눈길 주는 곳마다 탱글탱글 터지는 햇살이 맑고 칼칼하다. 지난여름 물기를 머금은 바람이 스며들었던 자리라서 그런지 더욱 투명하다. 이 맑은 가을 햇살을 보면서 먼, 옛날 내 기억의 한 페이지를 펼쳐본다.

툇마루 끝에 앉아서 할머니와 햇빛 바라기를 했던 기억들이, 하얀 고무신을 닦아서 툇마루 끝에 가지런히 놓으시던 할머니, 무릎에 앉아있던 여섯 살 즈음에 나는 발끝으로 고무신을 튕겨서 흙 마당으로 던져버리곤 했다. 할머니는 " 공주님 용심 나셨나

고무신을 왜 자꾸 흙 마당으로 던지누" 하시곤 다시 툇마루 끝 햇빛아래 널어놓으시던 할머니. 할머니는 물, 바람, 햇빛 어린 눈에 하나도 귀해 보이지 않은 것들을 참 귀하고 소중하게 여기셨다.

마당으로 쏟아지는 햇빛을 보시곤 마구 쏟아지는 햇살 아깝다 싸리비로 사락사락 쓸어서 광속에 한광주리씩 넣어두면 참 좋겠네 하시던 할머니, 아무것도 모르는 나는 "할머니 햇빛을 어떻게 한 광주리씩 광속에 넣어두어 어디다 쓸려구" 하고 물으면 할머니 대답은 "한겨울 추운 날 우리 공주님 따뜻하게 입혀주지." 하셨다. 또 물장난을 하고 있으면 "물 그만 버려라 이담에 저승 가면 네가 버린 물 다 먹어야 된다". 지금도 물을 버리면서 정말 내가 버린 물 다 먹어야 될까 그 말씀 생각하면서 피식 웃기도 한다.

연년생으로 동생을 임신한 엄마는 외할머니의 셋째 딸이었다. 갓 스물에 딸이 너무 힘들어 하는 걸 보다 못한 할머니는 돌잡이인 나를 외갓집에서 키우셨다고 한다. 우유가 귀하던 시절 우유 반 암죽 반(쌀을 갈아서 멀건 죽으로 만)을 먹고 늘 배앓이로 밤낮으로 엄청 울어댔다나. 그런 외손녀를 두 분은 나를 등위에 올려놓고 등 그네를 태우면서 밤을 꼬박 새우시곤 하셨다고 한다. 그래서 그런지 난 자라면서 할머니의 껌딱지였다. 할머니가 가시는 곳이면 화장실까지 따라가면서 "할머니 그 안에 있지" "냄새난다. 저리 가거라." 하셨다. 그때마다 "똥냄새 안 나, 할머니 냄새만 나는 걸." 했던 기억이 난다. 엄마보다 나는 할머니가 우선 순위였다. 지금도 할머니 하고 부르면 가슴 한켠이 먹먹해진다. 할머니 마지막 가시던 날 할머니하고 부르니 힘겹게 눈을 뜨시고 한참을 보시던 나의 첫 번째 라임오렌지 나무 우리 할머니. 할머니 가 계신 그 곳은 어떠신가요, 그곳의 할머니 마당에도 햇빛 찬란하고 채송화, 맨드라미, 분꽃, 봉숭아, 소담소담 키우고 계시나요.

할머니의 텃밭은 밭이 아니고 꽃밭이었지요. 외할아버지께선 상추, 쑥갓, 이런 거나 더 심지 뭐 이런 걸 잔뜩 심나 투덜거리시면 "네 할아비 또 용심 났나 보다." 하시곤 순하게 웃으시던 할머니. 오늘도 할머니 좋아하시던 정금 햇살이 마구 쏟아지네요. 할머니, 사랑해요. 첫 번째 시집에서 할머니를 그리면서 쓴 시 읽어 드릴게요. 천국에서 들어보세요, 할머니.

이별 뒤에 나날

죽음도 또 다른 삶의 모습이라면
낡고 더러운 옷을 벗어버리듯
목숨을 바꿔가며 살아볼 순 없을까

씨 뿌리고 거두지 않아도
햇빛 뒤 곁엔 별이 자라고
손이 따뜻한 사람 가슴 속엔 꽃이 핀다
정한수 한 사발에 불빛 고이는 저녁
눈맑은 사람 하늘 종 한번 치고 하늘로 돌아가고
이정표가 끝나는 곳에서 등을 돌린
두 사람 사이엔 강이 흐른다
살아서 부끄러운 날
허방의 둑이 무너져 더 깊어진 강물
장작불 괄게 지펴
한 줌 재로 그 강을 건너는 이여
머리칼 뭉텅 뽑힌 미친바람으로도 앞길 막지 못한

내게 남은 나날은

동굴 속에 갇힌 늙은 마녀처럼 춥고 어둡습니다

제2신

뽀글뽀글 파마머리에 까만 뾰족구두를 신고 여학교 교정을 걸어오시던 엄마. 아이들이 "너네 엄마니? 너네 엄마 멋쟁이시다." 하면서 부러워했던 나의 엄마 신음전씨. 엄마는 양장점을 하셨다. 할아버지가 지어주진 음전하라는 음전이 아닌 신영숙으로 그냥 혼자 이름을 바꾸셨다. 그러던 엄마가 중년을 넘기면서 살이 마구마구 찌기 시작했다. 결혼 이야기가 오고 갈 무렵 예비 시어머니는 상당한 미인이시고 정말 날씬하셨다. 나는 뚱뚱한 엄마가 아주 살짝 조금 그랬다. 그래서 특단의 내린 조치가 엄마의 밥상 관리였다. 밥 삼분의 공기 이상 못 먹게 하기. 그런데 반찬으로 그 양을 다 드시는 거다. 그래서 2단계 보정속옷 입히기, 그 무렵은 지금같이 사이즈가 다양하지 않고 대. 중. 소 정도였다. 나는 N 메이커의 대 사이즈 보정속옷을 꼭 입으시라면서 사드렸다. 그런데 어느 날 부모님께서 친목계에서 관광을 다녀오시더니 엄마가 속옷을 집어던지시는 거다. "나 이거 안 입는다." 이러신다. "왜 엄마 허리선도 나오고 예쁜데" 옆에서 웃고 계시던 아버지께서 "네 엄마 오늘 죽을 뻔했다. 아, 소변본다고 숲 속으로 간 네 엄마가 30분이 돼도 안와서 가보니 네가 사준 저것이 땀이 차서 올라가지도 내려가지도 않아서 끙끙거리고 있는데 애 먹었다. 몸에 딱 들러붙는데다 저것이 나이론 아니냐."

요즘 어머니는 살이 너무 많이 빠지셨다. 어느 날 낮잠을 주무시는 엄마의 얼굴을 보면서 난 너무 놀랐다. 하늘나라로 가신 외할머니가 누워계시는 듯 어깨가 앙상한 엄마가, 엄마 미안해요. 늘 엄마 표현대로 쟁쟁거리기만 했던 못난 딸이었지요. 성질 까탈스러운 나를 시집 보내놓고 밤잠을 설치셨다던 울 엄마 바람결에 문소리만 덜컹 대도 "에구 저것이 못 살겠다고 오는구나" 하셨다던 나의 어머님 신음전 여사님

엄마 딸은 또 딸을 키우면서 이제야 엄마 맘을 아주 쬐금씩 알아가고 있어요. 남은 시간 건강하시고 행복하시길 기도할께요. 엄마 맘을 아주 조금 헤아리고 쓴 졸 시를 나의 두 번째 라임 오렌지나무 어머님께 올립니다. 그런데 엄마 한 번도 엄마 앞에

서 그 흔한 사랑해 소리 못해봤네. 엄마, 신음전 여사님 "사랑합니다."

목련꽃 어머니

" 오르막길 있으면 내리막길도 있단다
웬만한 일은 가슴에 묻고 사는 법" 이라며
눈물 찍어 다독이시던 무명치마 어머니

올곱게 키운 딸들 제사랑 찾아
뿔뿔이 흩어지고
고슬고슬 파마머리 코티 분 뽀얗게 바르고
여학교 교정을 걸어오시던 모습은 흔적없이
하얗게 곰팡이 핀 어머니는 빈방에 누워계셨습니다

덜컹거리는 문소리에도
불같은 딸 쫓겨 오는 줄 알고
구들장이 벌덕벌덕 일어섰다는 어머니

자식을 키우면서야 그 맘 조금은 알 것 같은데

밤새 화들짝 핀 속살 뽀얀 목련꽃 속에

코티 분 뽀얀 어머니의 얼굴이 얼비쳐 보입니다

첫 봄을 열고 맨 처음 날 찾아온

무명치마빛 목련꽃, 목련꽃 어머니

김서은

시집으로『살아있는 날들의 빛깔 찾기』『겨울을 건너는 숲』『안녕, 피타고라스』『위대한 브런치』

어느 날의 편지

나고음

나에게 보내는 편지

지난 시간은 아깝고 아름답고 때로는 허망하기도 하지만 코로나19가 준 시간은 특별했다. 그래도 읽고 쓰는 시간이 있어 견딜 만했고 홀로 소확행을 맛보는 기회가 되기도 했다. 코로나가 준 예상치 못한 나날은 뜻밖에 너무 바쁘게 살아온 일상에 하나의 큰 쉼표를 찍어 주었고 작고 소박한 것의 소중함을 일깨워 주고 그러한 것들에 대해 깊이 묵상하게 해 주었다.

어느 날 친구의 블로그에 나의 책 소개가 나와 있는 것을 보고 20년도 더 된 제자 B와 연락이 닿았다. 전화기 너머 들리는 성숙한 목소리를 들으며 그녀의 단발머리와 유난히 하얀 얼굴이 확 떠올랐다. 요즘은 머리의 공간이 부족하여 뭔가를 오래 기억에 담아두려고 하지 않는데 이 친구는 마치 어제 본 듯 얼굴은 물론이고 기억할 만한 가정사도 생각이 났다. 편찮으셨던 어머니 이야기와 새 어머니와 어린 동생 이야기도 담담히 나누었다. 반가운 마음에 연락은 했지만 아직 선생님을 만나러 갈 처지가 못 된다하여 천천히 만나기로 했다.

그 날 밤 한동안 잊어버리고 있었던 책상 서랍 구석에 있던 낡은 종이뭉치가 생각났다. 핸드폰이 없던 시절 아이들의 집 전화번호를 적어두고 결석하거나 연락이 필요할 때 비상연락망으로 사용하다가 해가 바뀌어 다른 아이들을 맡으면 또 새로이 적는 것이어서 거의 필요가 없는 물건이 되지만 무슨 보물단지라도 되는 듯 해마다 만난 아이들 전화번호가 적힌 종이를 쉽게 버리지 못하고 있었다. 약간 촌스럽기도 하고 부질없다고 여긴 이 일을 오늘은 부끄러워하지 않으련다. 어쩌면 귀퉁이가 다 닳은 낡은 전화번호 안에 살아있는 아이들 눈동자가 지난날 버린 열정 다시 버려야 하는 부끄러움을 만날 때, 식어가는 마음에 온기가 필요할 때 나를 데워 주고 나는 아이들의 꿈이 활짝 피어나기를 기다리는 마음으로 정다운 얼굴들 속에서 40년 교직생활을 잘 했는지도 모르겠다. 처음부터 교사를 원한 건 아니었지만 어느 수도원 입구에 씌어 있던 '한 사람의 영혼은 온 우주보다 소중하다'는 글을 보면서 뜨거운 생각이 들었고 아이들의 삶의 중요성을 다시금 생각하게 되었다. 의사 변호사가 되기를 원하는 아이들이 많았지만 기왕이면 시 쓰는 의사, 음악 하는 변호사, 그림 그리는 운동선수가 되길 원했다.

Don't glow old, no matter how long you live 나이가 많아져도 늙지 말라던 아인슈타인의 말이 떠올랐다. 가끔 나에게 편지를 쓰는데 오늘은 내 안의 창고에 작은 등불 하나가 반짝 빛나는 것을 본 것 같았다.

김말순 시어머님께

어머님! 여긴 단풍이 아름답게 물든 예쁜 가을입니다.

하늘나라에도 이런 예쁜 단풍이 있나요?

오늘 어머님께 오는 길은 향기로운 나무 냄새와 가을건이 끝난 동네가 긴 휴식을 준비하고 있었어요.

어머님! 그곳에서는 아픔도 없고 사랑하는 가족들을 내려다보시며 별처럼 소곤소곤 대화를 나누고 계신지요?

저는 훤칠한 어머님의 모습을 뵌 적이 없지만 당신의 막내아들은 어머니 얘기를 자주 한답니다. 우리 엄마가 당신을 보면 정말 좋아하실 텐데 로 시작하여 우리 엄마는 음식 솜씨가 좋아서 누나들도 엄마 닮아 솜씨가 좋다고요, 저는 그 솜씨 좋은 누님에게 여태껏 간장 된장 고추장을 얻어먹으면서 어머님의 솜씨를 믿고 있답니다. 또 맏며느리답게 손이 크셔서 참외를 사도 한 접씩 사서 온 식구가 실컷 먹고 한동안은 참외 생각이 안 났다는 얘기도 몇 번이나 들었어요.

어머님의 사랑을 받아보지 못한 아쉬움을 남은 형제들이 잘 메꾸어 주십니다만 누님들 말씀처럼 어머니 눈에 막내며느리가 정말 예쁜가요?

오늘도 어머님을 뵈러 갑니다.

그러나 서울에서 부산까지의 길은 언제나 즐거운 나들이는 아니어서 피곤하고 힘들 때도 있지만 막내로 태어나 듬뿍 받았던 어머니의 사랑을 못 잊어하는 남편을 생각하며 내색 않고 갑니다.

친정에서도 일 년에 10번 가까이 제사를 지내면서 옆에서 제사 모실 쌀의 뉘를 고르고 제사 끝나고 나면 그때까지 자지 않고 기다리는 이웃집에 밥과 나물을 돌리던 일이 아름다운 추억으로 남아있어요.

음력으로 9월 중순인데도 유난히 따뜻하고 단풍 든 나뭇잎을 가을 이불 삼아 덮고 계신 어머니가 그립습니다.

제가 쓴 시입니다

벌써 빙그레 웃으시는군요!

다음 뵐 때 까지 편안히 계세요.

그래, 그랬어, 그랬다니까 / 막내며느리

어머니 제사를 모시고 가는 길
산소는 늦은 가을을 붙잡고 있는
나뭇잎들을 따뜻한 이불처럼 덮고 있었다
돗자리를 깔고 앉으며
오는 길에 꺾은 노란 산국 몇 송이를 올려 놓았다
바스락 낙엽소리 타고 어머님 내 곁으로 다가앉으신다

늙은 아들 딸 며느리들에게 듣고 또 들은
군밤 같은 따뜻한 얘기들을 꺼내자
당신 이야기에 신이 났는지
어머니 받아서 이어 나가신다

그래, 그랬어, 그랬다니까…

가을볕에 이야기가 익고 있다
낙엽 속으로 가을이 들어와 머문다

나를 물들이는 큰 가을

핏줄

끊이지 않는 강.

나고음

2002년 ≪미네르바≫로 등단. 서울교육대학교 졸업, 단국대교육대학원 미술교육과 졸업. 도자기 개인전, 해외전, 그룹전 다수. 시집 『불꽃가마』『저, 끌림』『페르시안블루, 꿈을 꾸는 흙』『그랑드 자트 섬의 오후로 간다』, 에세이 『26 & 62』 동시집 『사이사이 동시집』 편저. 서울시문학상, 숲속의시인상, 바움작품상, 한국시문학상 수상.

아직도 못 보낸 엄마에게

문숙

엄마, 4년 만에 불러봅니다. 엄마의 육신이 제 곁을 떠난 지도 벌써 그렇게 세월이 흘렀네요. 내 엄마가 어떻게 나를 두고 그렇게 쉽게 떠날 수가 있었나 싶어, 지금도 어린애처럼 통곡이 터져 나올 때가 많습니다. 그래서 긴 시간 아무 것도 할 수 없는 날들을 보냈습니다.

부모는 자식이 늙어도 애처럼 생각되듯이, 나이 많은 자식이라 할지라도 엄마라는 존재는 그 자체로 자식한테 의지가 되고 삶의 의미가 된다는 사실을 떠난 후에 더욱 절감했습니다. 엄마 없는 세상에서 무엇을 해도 의미가 없고, 하고 싶은 일이 없어졌습니다. 이 나이에도 엄마의 부재는 고아처럼 버려진 느낌을 갖게 했습니다.

생시에 엄마 뜻을 헤아리지 못해 본의 아니게 마음 아프게 했던 일들이며, 내 삶이 먼저라서 엄마 삶을 제대로 살피지 못하고 살아온 죄가 너무나 커서 제 자신이 쉽게 용서가 되지 않더군요.

엄마, 청춘에 홀로 되어 그 불편한 몸으로 저희 두 남매를 키우며 얼마나 힘들고 외로우셨는지요. 거기에다 아들인 오빠는 엄마 뜻과 상관없이 늦은 나이에 부처님 제자로 출가를 했고, 딸자식인 저는 그보다 먼저 결혼을 하면서 엄마 곁을 떠났지요. 그때도 저는 혼자 계실 엄마보다 제 삶을 먼저 챙겼던 것 같습니다.

세월이 흘러 연로하신 뒤에도 자식한테 폐가 될까봐 저와 함께 사는 일은 꿈도 못 꾸게 하셨고, 가끔씩이라도 저희 집에 놀러 올 생각도 하지 않고 사셨지요. 부산과 서울이라는 거리를 두고 명절에나 일 년에 한두 번 볼 수 있는 게 전부였습니다.

전화로 안부를 여쭈면 엄마는 늘 괜찮다고만 하셨고, 그러면 저는 그런 줄 알았습니다. 오히려 엄마는 노심초사 제 걱정만 하고 사셨지요. 평생을 그렇게 사느라 정작 자신의 건강은 소홀히 여겨서 위암이라는 몹쓸 병을 얻은 것이라 생각됩니다.

평소 엄마는 주위 사람들을 힘들게 하는 게 싫어서 병원에 가는 것도 마다하셨지요. 지금 생각하면 억지로라도 모시고 가서 건강검진을 받게 했더라면, 남들처럼 좀 더 오래 사셨을 텐데 하는 아쉬움이 너무나 큽니다. 자식에 대한 엄마의 그런 배려가 후에 자식의 가슴에 한을 남긴다는 사실을 모르셨는지요.

보다 일찍 병원에 모시고 가지 못한 걸 후회하는 저를 보며, 사람의 생명은 다 운명적으로 정해져 있다는 억지의 말씀을 돌아가시는 날까지 하셨지요. 자신의 죽음과 고통을 내려다보면서도 죄책감에 시달릴 자식 걱정이 먼저라서. 죽음을 앞두고 극심한 통증에 시달리면서도 제 앞에서 아픈 표정을 감추시며 저를 집으로 쫓는다는 사실을 요양보호사를 통해 알았습니다. 어머니는 끝까지 그런 존재였습니다.

저는 빼빼 말라가는 어머니의 마지막 삶을 지켜보면서도 믿기지가 않았습니다. 일생 나만을 바라보며 사신 엄마가 어떻게 나를 두고 그렇게 쉽게 갈 수가 있겠어 하는 모자란 생각만 했습니다. 가까운 사람의 죽음을 접해본 적이 없어서 그랬을 수도 있지만, 지금 내 곁에서 이렇게 숨을 쉬고 이렇게 말씀을 하고 있는데 어떻게 갈 수 있냐는 식의 비정상적인 사고를 했습니다. 그렇게 어머니의 마지막을 제대로 인지하지 못한 채 급작스럽게 이별을 맞게 된 것입니다.

평소 살가운 딸도 아니라서 죽음을 앞두고 나눴어야 할 대화도 남들처럼 나누지 못했습니다. 그 흔한 "엄마, 사랑해요. 그 몸으로 우릴 낳고 버리지 않고 살뜰히 키워주셔서 감사합니다. 엄마가 내 엄마라서 행복했고 고맙고 또 고마웠습니다."라는 말을 하고 싶었지만 하고 나면 이별을 더 가까이 느끼실까봐 그래서 더 빨리 떠나게 될까봐 못했습니다. 아니 어리석게도 어머니가 죽는다는 사실을 인정하고 싶지 않았습니다.

떠나기 이틀 전에는 엄마가 혼수상태에 빠져 숨을 헐떡이며 고통스러워하셨습니다. 그때서야 이별의 시간을 알아차렸고 어머니의 고통을 지켜보는 게 너무 힘이 들어 "엄마, 무거운 육신 얼른 벗어버리고 훨훨 날아가세요"라고 했습니다. 지금 생각해보면 엄마가 듣고 싶었던 말이 그런 게 아니었을 텐데, 사랑한다는 말 대신 얼른 가시라고 재촉한 것처럼 들었을까봐 그마저도 후회가 되었습니다. 마지막 순간까지 어머니의 마음을 헤아리지 못한 자식이라 생각되어 많이 괴로웠습니다.

엄마, 현실에서 엄마라고 부를 수 있는 복이 다해버린 지금, 이렇게라도 불러볼 수 있어서 잠깐이나마 따뜻합니다. 신기하게도 '엄마'라는 말은 입에 올린 순간 온기가 감돌고 마법처럼 힘이 난다는 걸 어릴 때부터 느껴왔지요. 하여 제가 세상에서 가장 부러운 게 있다면 엄마를 가진 사람들입니다. 내 나이의 사람들이 아직도 엄마라고 부르는 걸 보면 그렇게 부러울 수가 없습니다. 그래서 엄마를 오래도록 지켜드리지 못한 제 자신에게 너무나 화가 납니다. 부모에게 자식이 그렇듯이, 힘없는 노인네라 할지라도 엄마라는 존재는 그 자체만으로 자식을 살고 싶게 하는 존재임을 떠난 뒤에 더욱 절감했습니다.

세상에서 엄마보다 더 소중한 가치가 어디에 또 있을 거라고 그렇게 바쁘게 살면서 엄마를 제대로 보살피지도 못하고 살아왔을까요. 다른 욕망을 접고 우선적으로 엄마를 챙기면서 살지 못한 게 후회로 남습니다. 이제는 저에게 기쁜 일이 생겨도 걱정할 일이 생겨도 나보다 더 좋아해주고 나보다 더 걱정해주는 내편이 영원히 사라져버렸다는 사실은 저를 절망스럽게 합니다.

엄마, 이곳에는 지금 코로나라는 역병 때문에 부모자식 간에도 쉽게 만나지 못하고 살고 있습니다. 가까운 사람끼리도 만남을 자제하며, 전 세계가 다들 힘든 시간을 보내고 있습니다. 그런 와중에 요양원에 계시던 엄마 동생인 큰외삼촌이 저 지난달에 돌아가셨습니다. 보호자들과의 만남이 금지된 상황에서 가족도 없이 혼자 외롭게 돌아가셨다고 합니다. 가시는 길이 얼마나 쓸쓸하셨을지 마음이 아픕니다. 그래도 남아있는 후손들이 많이 애통해하고 그리워하고 있다고 전해주시고 엄마가 위로해주세요.

엄마, 어느 생에 엄마를 또다시 내 엄마로 만날 수 있는 복이 저에게 주어지겠는지요. 생시에 엄마에게 지은 업 때문에 또다시 엄마처럼 좋은 엄마를 만나기란 불가능할 것만 같아 두렵습니다. 그렇더라도 다음 생에는 제 딸로 태어나시기 바랍니다. 엄마로부터 받은 그 큰 사랑과 은혜를 꼭 돌려드리도록 하겠습니다. 엄마에게 전하고 싶었던 말을 지금에서야 하게 됨을 용서바랍니다. 엄마, 영원히 사랑하고 또 사랑합니다. 이승에서의 선업으로 좋은 곳에 태어나서서 부디 행복하시길 빌고 또 빌겠습니다.

문숙

2000년《자유문학》으로 등단. 시집『단추』『기울어짐에 대하여』

세상의 어머니께

유현숙

제1신

11월입니다, 어머니.

아침저녁 기온차가 심합니다. 달랑 한 장 남은 달력장을 넘기며 "추워질까 무섭다, 추위는 호랑이보다 더 무섭다이." 하시며 걱정 많으시던 것 생각납니다.

당신의 야윈 손목, 가는 다리, 마른 어깨… 이번 겨울을 잘 나셔야 할 텐데 마음이 쓰여 집니다. 걷지 않으시면 근육이 술술 빠져나가 겨울 지나면 혹 지팡이 자주 찾으실까 염려됩니다.

어느 유명 시인은 평생을 어머니께 가시가 되어 찔렀다고 시에서 고백했습니다. 젊은 날의 우리들은 대부분 가시 돋친 말로 어머니에게 상처를 주었을 것입니다. 잘 난 것은 내가 잘해서이고, 못나고 잘못된 것은 모두 당신을 닮았기 때문이라며 탓하고 염장을 지르기도 했습니다. 제 주변을 다스리지 못하여 제 속이 시끄러우면 밥을 안 먹고 굶는 것으로 어머니의 애를 말리기도 했습니다.

수돗물도 귀히 여기던 그 시절에 하도 깔끔을 떠니 "물도 씻거 먹으라이."하시던 어머니의 어머니 말씀이 요즘 들어 자주 귀에 와 걸린다 하셨지요. 1932년생인 당신을 어머니가 마흔 넷에 낳았다니, 그 귀한 딸인 어머니는 귀여움을 독차지하고 자랐다 했지요. 아침부터 뭔가 수틀려 밥 안 먹고 학교 가는 날은 엄마가 도시락을 싸들고 학교로 왔는데 그런 엄마를 보고 친구들은 "네 할머니 오셨다."하고 놀렸다지요. 그 놀림소리 듣기 싫어 엄마를 학교도 못 오게 했다지요. 그런 날은 구들목 방석 아래 밥 한 그릇을 묻어놓고 학교에서 돌아오는 어머니를 손잡아 앉혔다 하지요. 어머니더러 할머니라고 부르는 아이들의 말을 듣기 싫어하는 당신을 위해 늙은 어머니는 정수리 흰머리에다 아침마다 먹물을 묻혔다지요.

어머니, 엊그제 틀니를 맞추고 오는 길에 유독, 가고 없는 당신의 어머니가 그립다 했던가요.

언젠가 손 없는 날 받아 하루 만에 장인匠人이 만들었다는 그 안동포 수의, 달 포 전에 아흔 넷인 할아버지(당신과 백년해로 하신)는 그 옷을 입고 길 떠나셨다 했습니다. 평소에 주위 사람 애닳게 하는 일 없더니, 가는 길도 참 좋은 계절에, 참 따뜻하고 좋은 날에 평온하게 떠났다며

"다 잘 됐다." 고 안도의 숨을 쉬며 의연하게 말씀하셨지요. 그러나 보내고 오셔서 당신은 열흘이 넘도록 몸살을 앓으셨습니다. 얼른 쾌차하시고 힘내셔요.

오고가는 일, 한 번씩은 치러야 하는 대사大事 아닐까요?

이생에 와서 한 생을 사는 일은 조심스럽게 한 발 한 발 앞을 내딛는 걸음이었지만 이생을 떠나는 일 또한 오랜 시간의 숨고르기와 치열한 싸움이 있어야 했습니다. 태어나는 일 보다 더 고되고 번잡한 일이 생을 마감하는 일인 것 같습니다.

코로나19로 두어 달 요양병원 가 계신 할아버지를 면회조차 안 되는 상황에서 애 끓이실 때 어떤 말이 위로가 되었겠습니까.

"다 잘 됐다." 이 말의 깊은 뜻을 이제야 알 듯합니다. 때가 되

면 낙과가 되 듯 언젠가는 가야 할 길을 순연히 받아들이시는 그 마음이 집힙니다. 어머니, 모든 일이 다 잘 될 거에요….

- by Y.

제2신

어머니 방 아흔 아홉 칸은 왜 유독 깜박깜박하고 있는 것일까요?

"잠이 안 와, 저 시곗바늘이 12나 1이 지나야 잘까말까 해." 하시던….

때로는 나를 잊어버리고 "누고? 누고?" 하실 때 어머니, 나 많이 서운했어요. 그림도 잘 그리고 누구 앞에서나 노래도 잘 부르시던 어머니. 학창시절엔 공부도 잘하셨다고 하셨지요? 그런 어머니의 자식 여럿, 얼마나 빛나게 키우셨어요.

다 잊어버린 아흔 아홉 칸이지만 유독 한 칸, 환하게 켜져 있는 어머니의 방. 그것은 다섯 자식에 대한 자긍과 자랑입니다.

그러나 그마저도 막연할 뿐입니다. 뿌연 안개 속입니다.

잃어버린 시간, 잃어버린 기억, 잃어버린 사물들과 이름씨들.

"…모르겠다, 잘 모르겠다, 머신지 모르겠다." 하시며 깊게 주름진 얼굴로 머리를 흔드시는 걸 보고 있으면 슬프다가 아프다가 화가 나기도 합니다.

얼굴이랑 팔뚝이랑 발목이랑 물기 다 마른 부위 부위에 로션을 듬뿍 발라드리지만 피부가 종잇장처럼 얇고 건조한 걸 보면 가슴이 아픕니다.

화장실 다녀오시다가 문 앞 센스 등을 끄느라 한밤에 그 앞에 서서, 그 앞에 쪼그리고 앉아 전등만 쳐다보고 계시던 당신. 당신이 그 아래 계시는데 불이 끄질 리가 있나요. 센스등은 사람이 지나고 나면 자동으로 꺼지는걸요. 어머니, 그 전등갓도 예전엔 반들반들하게 잘 닦곤 하셨잖아요.

일요일인 어제 아침엔 당신이 방에서부터 화장실까지 변을 흘리고 가셨습니다. 나는 역겨워 나도 모르게 소리가 날카로워졌어요. 당신을 씻겨드리고 바닥 청소와 소독을 하면서 몇 번씩 구토가 났습니다. 비위가 뒤집혀 다음날까지 밥을 먹지 못하다가 결국에는 몸살까지 얻었습니다.

어머니, 당신은 어릴 적 저희들의 기저귀도 잘 갈아주시며 “똥 잘 눠서 이쁘다, 잘 먹어서 이쁘다, 잘 자서 이쁘다.”… 이쁘다, 이쁘다 하셨는데…, 자식인 저는, 낳고 키워주신 당신의 변이 역겨웠습니다. 당신이 잠 안자고 몇 번씩 내 방에 들어와 “머꼬?, 뭔 말이고?” 텔레비전을 보시다가 와서 묻고묻고 또 물을 때마다 지치고 짜증스러워 귀찮게 대답했던 것 미안해요.

매일 드리는 저녁예불의 108대참회문에는 세상의 아름다움을 알게 되어 감사하며 생명의 신비로움을 알게 되어 감사하며 새 소리의 맑음을 알게 되어, 바람 소리의 평화로움을 알게 되어, 시냇물 소리의 시원함을 알게 되어 감사하고 감사하다 했습니다.

참회와 감사와 발원의 기도문을 매일 읽지만 감사 이전에 서원이 저에겐 아직 더 많이 남아 있습니다. 다 내려놓지 못하고 있는 어쩔 수 없는 세속의 딸입니다.

필라멘트 끊어진 전구처럼 깜빡거리고 있는 어머니를 볼 때마다 안타까움도 있지만 “왜 어머니에게 하필 알츠하이머가….” 하며 원망이 커지기도 합니다.

여섯 살의 나의 어머니, 더 나빠지지 마시고 이만큼이라도 유지해 주세요. 오늘 밤은 조금만 더 일찍 잠드세요. 제가 밤에 할 일이 많아요. 어머니가 잠드셔야 제가 일을 할 수 있어요.

가을볕이 좋습니다. 오늘은 저 가을볕 쬐러 나가요. 나의 어린 어머니!

- by Y.

제3신

"청국 띄어놨다, 닷새 지나면 발효된다. 된장, 간장, 젓갈도 다 뜨 놨다. 와서 가져가거라."

올가을 이벤트는 청국이군요. 아흔도 넘은 연세에 청국장을 만들고 자식들 불러내려 한 자리에 앉히는 어머니의 힘.

전화를 끊고 우리는 스케줄 맞추고 시간을 빼서 날을 잡습니다. 어머니의 딸들은 일 년에 한 차례씩 한 자리에 모입니다. 그렇게 모이는 딸들을 위해 어머니는 육개장을 끓이고 수육을 삶아내고 손바닥만 한 조기를 굽고 식혜에 찰밥까지 해놓습니다.

아흔 하나의 어머니는 "내 살아있는 동안은 내 손으로 너희들 해먹이겠다."는 지론이십니다.

"이제 그만 하세요. 이런 거 사먹으면 되지요." 말들은 쉽게 하지만 어머니의 장맛은 비할 데 없는 으뜸이라는 것, 우리는 잘 알아요.

돌이켜보면 저는 가시가 되어 어머니 손톱 밑에 박혀 있었습니다.

"너는 아기 때부터 침대에서 재워 키웠다."시며 귀히 대해 주셨던 것 압니다.

"네 아버지도 안 드신 녹용이다."시며 보약 한 재를 내밀기도 하셨습니다.

"계란 노른자에 들기름 한 술 넣어 먹어라."시며 손수 들기름을 짜 오시기도 했습니다. 결혼 후 처음으로 작은 아파트를 마련했을 때

"너 결혼하면 혼수로 피아노 사 주려고 했는데 그때야 어디 들일 때가 있었어야지." 하시며 선뜻 피아노를 들여 주시기도 했습니다. 그래서 저는 다섯 살 제 아들에게 직접 피아노를 가르치기도 했습니다. 체르니 40을 마스터한 그 아이 피아노 실력은 감동이랍니다. 특히 김건모의 '미안해요'를 피아노를 치며 노래를 부를 땐 울컥, 눈물이 난답니다. 제 굴곡 진 삶이 '미안해요' 한 마

디로 보상 받는 감상이랄까요.

어머니, 제가 어머니의 아픈 손가락이겠지요? 그런데 저는 한 번도 어머니께 미안하다는 말씀 드리지 못했어요. 돌이켜보면 저는 가시로 어머니를 많이도 찔렀던 것 같습니다. 반대하는 결혼을 강행하였으며 행복도 잠시 11살, 9살의 어린 아들 둘을 데리고 가장이 되어 직장맘으로, 싱글맘으로 힘들게 살아야 했습니다. 그런 제게 그 당시 엄마는 냉담하셨습니다. 그래서 한때는 저도 엄마를 찾지 않았습니다. 7년 만에 뵈었던가요? 저도 독한 가시였습니다. 그렇게 만났던 엄마가 어쩐지 힘이 없고 늙어 보였습니다. 그런 것이 부모자식간이겠지요. 하얗게 센 머리칼을 보며 긴 서러움도 눈 녹듯 사라지는 한 순간이 있었습니다. 그리고 어느 겨울 자재암 산신각 앞에 햇볕을 쬐며 앉아서 어머니를 생각하며 시 「손금」을 썼습니다.

자재암 들어 백팔 배를 드리는 어머니
백여덟 번째 이마를 바닥에 대고
머리 위로 내던졌다가 뒤집은 손바닥에는 희고 검은 잔금들이
패였다

한 생 내내 얻었던 것 다 잃고
수심 깊은 주름살만 거머쥐고 상경한 노모다
삐걱거리는 무릎관절과 휜 팔꿈치와 바람에 닳은 이마까지
먼지 나는 일대기를 온몸으로 받들어 올린 다음에도
꿇고 엎드린 어머니가 좀처럼 일어나지 않는다
저러다가, 저렇게, 깊은 잠드는가 싶다
어머니 손바닥 깊게 파인 도랑 사이로
고요한 것이 흐른다
흥건하다
손끝을 타고 흐르는 저 무진한 물길

주악비천도의 젖은 치맛자락이 문지방을 넘는다
풍경을 치고 온 바람이 연등 아래를 맴돌고
어머니, 아직 일어나지 않는다

_졸시, 「손금」 전문

그로부터 25년이 흐르고 아이들은 자랐고, 그 아이들이 이제 30대 중반의 어른들이 되었으며 각자의 생활에 열중하며 부끄럽

지 않게 살고 있습니다. 제 인생의 숙제도 어느 정도 마무리 된 듯합니다.

어머니, 이젠 제 걱정 않으셔도 되요. 저도 많이 내려놓고 하루하루를 소중하게 여기며 지내고 있습니다. 이제 편하게 저를 바라보셔요.

어머니가 아직도 건강을 지키시며 저희 곁에 계셔서 고맙습니다.

엄마, 하고 부르면 언제나 대답해주셔서 고맙습니다.

지리산 아랫마을 마천으로 남원 광한루로 남해로 어머니와의 여행길은 즐거웠습니다. 장어구이도 추어탕도 냉면도 맛나게 잘 드시는 모습이 뵙기 좋았습니다.

"엄마!" 하고 부르면 지금처럼 언제라도 대답해주실 거죠?

이옥란 울엄마!

_엄마의 못난 가시가

유현숙

2001년 〈동양일보〉, 2003년 ≪문학선≫으로 등단. 시집 『외치의 혀』 『서해와 동침하다』가 있다. 2009년 한국문화예술위원회 창작기금 수혜. 2017년 미네르바작품상 수상.

지난 시간에게 빌다

조정인

나는 한때 엄마를 가졌었죠

자니?

등 너머에서 들리던 아득한 말

말 이전의 망설임이 돌아누운 내 어깨를

가만가만 어루만지고 있던 어떤 밤

어깨를 돌리기만 하면 품을 파고 들 수 있는

옆 사람 숨소릴 다 헬 수도 있는

그런 단칸방

그때, 나는 더욱 웅크려 이불 속에 얼굴을 파묻었죠
소리죽인 울음을 이윽히 기다리던 엄마가
다시 묻던
자?

안 자, 대답하고 돌아눕기만 하면 되는
나의 등 뒤에 엄마가 있었어요

안 자, 등 너머로 대답 건네주는 일을 아직 마치지 못했는데

나는 이제 등 너머 빈 방을 가진 사람

해안을 적시며 헤적이는 곡우 무렵 밤물결 같은
엄마라는 말 참 좋아요

나는 한 때, 엄마라는 바다와 육지를 가진 적 있죠
엄마라는 지구를 가진 적 있어요

–졸시,「빈 방」전문

엄마 가신 지, 세 해째입니다. 어떤 얘길 먼저 꺼내야 할지, 하고 싶은 얘기들이 두서없이 서로 머릴 내밉니다. 여긴 다시 깊은 가을이에요. 이른 아침 산책길에 마른 나뭇가지 사이에 이슬 맺힌 거미줄을 보았어요. 물보석 목걸이를 늘어뜨린 것 같은 풍경이었어요. 알알이 이슬방울마다에 어리는 빛을 보면서 잠시, 가시화된 인드라망因陀羅網의 축소를 보는 듯했어요. 찬연했습니다. 엄마와 나는 우주 저 멀리서 바라다보면 인연의 아름다운 관계망에 맺혀 빛나던 모녀지간이라는 보석이었다는 생각이 지나갔어요. 엄마, 당신 가신 그곳도 지금 가을이고 아침인가요? 커피는 마셨는지요? 엄마는 늘 언니가 타 드리는 커피가 맛있다고 하셨어요. 제가 타는 커피는 물 조절이 잘 안 됐었는지 조금 마뜩찮아 하셨어요. 저는 볼멘소릴 하고는 했지요. “아니, 믹스 커피가 다 거기서 거기지. 뭐가 다른데?”

엄마. 자다가도 뼈가 시린 나의 엄마. 엄마가 떠나고 난 뒤에야 엄마랑 이렇게 마주앉는 저를 보게 되네요. 엄마를 떠나보낸 얼마 후 만둣국집에서였어요. 만두를 우물거리다가 목이 메던 일이 생각납니다. 사람이 유명을 달리했다는 건 다시는 이런 뜨

끈한 만두를 목구멍 가득 넘길 수 없다는 일이구나, 하는 생각에서였어요. 생전, 마지막으로 저희 집에 두 달여 계시는 동안, 저는 왜, 대체 어쩌다가, 그렇게도 매사 쌀쌀맞게 구는 못된 딸이었던가요. 이 글을 쓰는 식탁 왼쪽은 식사 때 엄마가 앉으시던 자리입니다. 지금도 저는 엄마가 앉으셨던 의자를 쓰다듬으며 이런 저런 일을 떠올리며 회한에 젖고는 합니다. 엄마, 미안. 너무나 미안해요.

그리고 평소 엄마가 전화했을 때마다 저는 뭐가 그리 바쁘다고 차분히 시간을 내드리지 못했던 것일까요. 대개는 "엄마, 내가 지금 좀 바쁘거든?" 그랬었지요. 전화 받기가 곤란하다는 말이었지요. 이제 와서, 전화기를 들었다가 놓고 놓았다가는 다시 들었을, 전화선 너머 엄마를 그려보며 가슴이 저밉니다. 언젠가 이맘때 가을날이었나 봅니다. 화곡동 집 마당에 감나무 그림자가 길어진 오후 세 시쯤, 엄마는 나와 계셨던 모양입니다. 그날, 엄마는 아주 수줍게 전화를 걸어 오셨어요. "바쁘지? 하늘이 너무 파랗고 맑아서 전화했다."

설마, 그날도 바쁘다며 대충 전화를 받은 거나 아니었을지… 설마, 그렇게 무성의하게 대하지는 않았기를 지난 시간에게 빌어봅니다. 다시는 그 목소릴 들을 수 없는 지금, 다시는 전화 받을 일 없는 지금에서야 “바쁘니?”하시던 그 목소리가 귓가에 쟁쟁합니다. 사무치게 그립습니다. 참회는 너무 뒤늦고, 지나간 시간은 돌이킬 수 없습니다. 그렇습니다. 예전에 저는 ‘하늘이 너무 파랗고 맑아서 전화했다는, 너무나 사랑스런 엄마를 가진 적이 있습니다.

지난 봄, 저 사는 아파트엔 모과꽃이 참 예쁘게 피었었어요. 이사해 온지 일곱 해나 지났는데 난 올봄에서야 처음으로 분홍빛 새촙은 모과꽃을 보았어요. 모과꽃은 달콤하고 사랑스럽고 귀엽고 시원해 보여요. 엄마도 모과꽃을 아시나요? 모과나무 둘레를 돌며 나무 아래 떨어진 꽃을 주우며, 언젠가 들었던 ‘하느님은 모든 인간과 함께 할 수 없어서 인간에게 어머니를 주었다,’하는 말을 떠올려보았어요. 늘 묵주를 손에 들고 기도 중에 계시던 엄마가 안 계시니 누가 저를 위해 기도해 줄까… 생각하다가 피식 웃었습니다. 다 늙은 여자가 아직도 엄마한테는 그저 뭐든 받기만 하던 막내딸에 머물고 있으니 말입니다.

엄마. 지난해엔 세 번째 시집을 출간했어요. 그리고 ○○○

문학상도 수상하게 됐고요. 엄마가 아시면 무척이나 좋아하셨을 텐데요. "내 새끼. 장하다, 장해."하시며 얼마나 자랑스러워 하셨을까요. 엄마, 오늘 하루도 다 저물었어요. 욕실 샤워기를 틀어놓고 흑흑 느껴 울던 시간도 시나브로 저물어 가고 희미해질 테지만, 그럴 테지만, 불꽃을 꺼뜨리면 안 되는 성냥팔이 소녀처럼 저는 당신과의 소중했던 시간을 꺼트리지 않기 위해 심장의 심지를 자꾸만 돋웁니다. 엄마. 보고 싶습니다. 엄마, 오늘 밤 꿈속에 와주세요.

-깊어가는 가을. 불효 여식 올림.

조정인

1998년 《창작과비평》으로 등단. 시집으로 『사과 얼마예요』 『장미의 내용』 외. 평사리문학상, 지리산문학상 수상.

그곳은 어떠한가요

하두자

갈대들이 일제히 손사래 치고 빈 들녘에 깔리는 소리 없는 비명에 마음이 베인 듯 아프다. 이내 빈 가슴 가장자리에 가만히 내리는 산국향기, 가벼워진 단풍들이 스치는 바람에도 버겁다고 한다. 짙푸른 한 생애를 떨구고 있다. 화르르 타오르다 소리 없이 지는 거룩한 추락. 차오를수록 몸 달고 비워낼수록 아린 붉은 잎새들.

가을이 되면 엄마의 기일에 엄마를 잘 보내지 못해서 마음 한편 언제나 이렇게 아픔과 후회로 보낸다. 엄마라는 말을 들으면 가슴이 뭉클해지고 영원히 엄마라고 불러볼 수 없는, 이 말의 그리움이 눈물을 끌고 간다. 세상에서 진심으로 나를 사랑해주었고 영원히 사랑해 준 사람. 어떤 목적성도 없는 막무가내의 사랑 앞에 순간의 격하게 올라오는 엄마라는 감정의 덩어리, 명치끝이 아프다.

교육자였던 아버지의 어려운 가정형편에 부족한 살림살이를 부족함이 없도록 키워주신 전형적인 옛날의 엄마였다.

알뜰과 희생과 궁상의 화신 엄마 역할로 주어지는 과다한 몫들, 그 질곡을 견뎌내신 엄마, 가부장제도에서 질서와 규범에서 성정이 유난히 까다로우신 아버지를 어렵게 보필하셨던 엄마, 그 힘듦에서 어떻게 한 삶을 이리도 말없이 받아 내셨는지 이제야 철들어 그 삶을 헤아리지만 엄마는 계시지 않는다.

엄마를 생각하면 제일 먼저 떠오르는 것이 어릴 적 먹던 수박이다. 그 시대에는 크고 맛이 있는 수박은 감히 살 엄두를 못 내고 못난이 수박을 사서 화채로 해주셨다. 아마 식구는 많고 수박은 비싸고 그래서일 것이다. 우리는 여름에 화채를 많이 해 먹었다.

바늘로 얼음을 쪼개 조각조각 내어 설탕과 물을 넣고 휙 저어서 아버지 먼저 드리고, 우리에게 건더기를 다 떠 주시고 화채 국물만 드시고는 했다. 우리는 궁금해서 왜 국물만 먹느냐고 물었더니 엄마는 국물이 훨씬 시원하다고 하셔서 정말 그런 줄 알았다. 철들어서 그 얘기를 하면 그래도 그때가 재밌고 좋으셨다고 웃으시던 엄마였는데…

아프다고 하시면 병원 가셔요. 병원의 처방대로 따라야지 뭐 뾰족한 치료가 없대요. 나이 들어 생기는 걸 어떡하겠어요.

기력이 없다고 밥맛이 없다고 하시면 나이 듦으로 오는 증상이라고 일주일의 반찬을 해서 갖다 드리면 별 식욕이 나질 않는다고 하시면 속으로 짜증을 무던히도 냈다.

매일 딸 목소리가 듣고 싶어 전화를 하시는데 나는 바빠서 나중에 전화 드릴게요, 하면서 무심히 받았던 것이다.

외로움의 그 깊이를 이해는 하면서도 애써 무심한 척 누구나 다 그렇게 산다고 엄마를 위한답시고 했던 말들이 뼈아픈 후회로 남는다.

행동이 느리다고 타박만 하면서 무조건 운동하시라고만 했다.

이렇게 여러 가지 전조현상이 있었는데 그것을 헤아리지 못한 미안함과 죄책감에 가슴이 아리다.

어머니의 감정과 상황을 귀 기울여 듣고 봐야 했는데….

엄마의 부름에도 대답도 못하고 먼저 떠나보냄이 그 슬픔이 멍에로 남아있다. 마지막 인사도 건네지 못했고 엄마를 그냥 속수무책으로 영영 보낸 것에 대한 자책에서 헤어나지 못하고 있다.

병들어 늙어가는 모습 보이기 싫다고 죽는 날 깨끗하게 갈 수 있도록 매일 부처님께 기도하셨던 엄마. 우리에게 몸을 주시고 그 몸을 키워주신 엄마는 아무도 없이 혼자 쓰러져서 기억을 잃어버리셨다. 수술을 해도 의식이 돌아온다는 확신은 없다고 의사는 얘기 했지만 최선을, 아니 뭔가 지푸라기라도 잡고 싶은 심정으로 어렵게 수술을 하셨지만 그저 식물인간으로 누워 계셨다. 전 생애, 엄마만의 기억의 적층에서 쉬고 계셨던 것일까.

믿겨지지 않은 현실도 시간이 지남에 따라 그 상황이 받아들여졌지만 엄마로 꽉 차 있던 현실은 아예 통 편집이 되었다.

엄마의 죽음은 엄마 개인의 삶뿐만 아니라 밀접하게 연결되었던 나의 삶에도 영향을 미쳤다.

막연하게 인간이 홀로 남겨있는 두려움에 맞서 죽음을 생각하고, 삶이 죽음으로 향하는 존재의 무너짐도 의연하게 받아들여야 한다는 생각에 이른다.

다들 너무 바쁜 시대에 살고 있어서 집에서 간병하는 게 어려워 차례를 밟아 결국에는 요양병원으로 모셔졌지만 병원에서 일 년 정도를 아무런 의식도 회복하시지 못하고 식물인간으로 누워 계시다가 엄마는 돌아가셨다.

병동 복도를 돌고 휴게실에서 대형 TV를 보는 환자들을 보면서 엄마가 저렇게라도 계셨으면 하는 생각이 들기도 했다. 차라리 휠체어를 태우고 병실 밖으로 나가는 환자들이 부러웠다. 새소리도 듣고 풀 냄새도 맡고 시원한 바깥 공기도 마시면 얼마나 좋을까, 안타까워했지만 엄마는 혼자만이 아는 머나먼 시공으로 돌아가 계시는지 내내 아무런 표정도 아무런 말씀도 없으셨다.

비가 와도 눈이 내려도 어버이날 꽃을 들고 가서 "엄마, 오늘이 어버이날이에요"라고 말씀을 드려도 엄마는 눈만 감고 계셨다. 엄마를 혼자 두고 눈물바람으로 돌아오는 길은 왜 그렇게 허망하고 화가 났는지 병원에서 우리는 엄마의 삶이 되돌려지기를 간절하게 소망했고 죽음이 두려웠으며 그리고 우리들은 서로를 용서하고 억지라도 이해하고자 했는데 엄마는 더 이상 우리의 고해소가 되질 못했고 우리들이 바라는 희망이 되어 주질 못했다.

우리는 돈으로 생로병사를 좌우지하겠다는 발상 자체가 잘못인 것 같았다. 돈이면 다 되는 세상처럼 보이지만 사실 돈은 생로병사의 길을 가로 질러 가는 우리를 더 외롭게 만드는 게 아닌지.

나는 엄마의 부름에도 대꾸는커녕 마지막 인사도 건네지 못했다. 사랑했던 날과 슬퍼해야 하는 일들을 가슴에 새기며 모두 뒤늦은 후회와 회한으로 목이 메는 기일.

사진 속의 엄마는 단풍이 저렇게도 고운 날 아무도 모르게 혼자 떠나 가셨다. 얼마나 외로웠을까, 얼마나 무서웠을까….

하두자

≪심상≫으로 등단. 시집 『물수제비 뜨는 호수』『물의 집에 들다』, 『불안에게 들키다』『프릴 원피스와 생쥐』 등이 있으며 리토피아문학상 수상.

15세 엄마의 지난한 봄

한영숙

좀처럼 열리지 않았던 어머니만이 알고 있는 비밀 방이 있다. 그 문은 무척이나 견고했다. 어머니만 알 수 있는 비밀번호는 당신 지문으로도 열리지 않는다.

녹슬고 녹슨 자물통, 80년이 훌쩍 지나고서야 쇳소리를 내며 벌건 눈물 흘리며 아귀가 맞물려지고 있었다. 어머니의 숨겨진 방문이 열리던 날 어머닌 더 이상 돌아가신 아버지를 찾지 않았다. 아니 좀 더 정확히 말하자면 사춘기의 트라우마가 너무 커 그 방에는 내 아버지가 들어설 자리가 없었다. 어쩌면 삭제된 것인지도 모른다. 아버지 이름이 뭐야? 물으면 한정술이지. 무미건조한 답변만 도돌이표처럼 되돌아온다.

어릴 적 엄마는 자식들에게 매우 엄했다. 한편으론 엄했다기보다는 무서웠다. 자녀들에게 크게 살갑지 않았다. 막 시집온 어머니에겐 전처의 머리 굵은 자식이 둘이나 있었다. 남에게 계모 소리 듣지 않으려고 친자식들에게만 유독 엄했었다. 큰오빠 작은오빠가 우리들에겐 친오빠인 줄로만 알았다. 그렇게 입조심을 했다. 성인이 되어 직장생활을 하면서 호적등본을 떼면서부터 그때서야 오빠들이 배다른 형제인 줄 알았다.

일본이 패망하기 전 무슨 연유로 외갓집이 일본으로 이주했는지는 알 길이 없었다. 엄마는 일본 어느 작은 섬에서 태어났다. 거기서 소학교를 다니고 중학교 1학년 다니다가 일본이 패망한 해에 외할아버지 외할머니의 고국인 한국으로 돌아왔다. 맨주먹으로 한국 온 외갓집의 가계는 매우 어려웠을 거란 짐작이 가고도 남는다. 생전 당신 입으로 외갓집 이야기는 꺼내지도 않았다. 외할아버지, 외할머니, 남동생(외삼촌) 엄마 이렇게 4명이 전부라고 한다.

여든 너덧 살쯤 엄마는 열리지 않았던 예전의 길을 찾아 험난한 긴 여행길에 올랐다. 아주 조금씩 잃어버린 기억, 생각하고 싶지 않았던 기억, 그 기억들은 점점 시간이 지날수록 선명하게 되새김질하고 있었다. 불쑥불쑥 감추고 싶었던 비밀들이 뻥튀기 기계에서 뻥 뻥 뻥 우레 같은 소리와 함께 여기 저기 튀고 있는 팝콘처럼 엄마는 돌발적인 언사와 행동을 스스럼없이 했다. 그러나 팝콘 향기는 어디에도 나지 않았다. 단지 눅지근한 지린내만이 주변을 메우고 있었을 뿐이다. 나중에 안 일이지만 그게 치매라는 병이었다. 치매! 우린 평소엔 치매완 거리가 멀었다. 맨 처음 가족들도 치매가 뭔지 몰랐다. 어느 날부터 어머닌 의심병이 부쩍 늘었다. 돈 훔쳐갔다고 경찰에 고발한다고 멀리 있는 아들에게 전화하는 일이 잦았다. 돈이 없어졌다고 가족들을 의심해도 처음엔 그게 치매 초기인 줄은 아무도 몰랐다. 하물며 백내장 수술을 하고 움직이지 말라는 의사의 경고에도 아랑곳없이 옆으로 누워 몰래 돈을 세고 있었으니 말이다. 그때만 해도 우린 엄마가 병이 깊은 줄 모르고 버럭버럭 소리치며 이 와중에 돈밖에 모르냐고 핀잔을 주었다. 가족들이 뒤늦게 치매인 걸 인식했을 때는 이미 속에서 많이 곪아터지고 서로 간에 많은 다툼이 있고 난 뒤에야 알아차렸다. 엄마가 치매 걸리기 전에 자식들은 엄마랑 말싸움을 무척 많이 했다. 엄마는 이웃 어느 자식이 시집을 잘 가서 부모에게 용돈을 얼마나 주고 무슨 옷을 사 줬네 하며 부러운 듯 우리들 앞에서 들으란 듯 말씀을 하셨다. 우리도 누구네 부모는 뭐를 해줬네 하며 맞받아치기 일쑤였다. 배다른 오빠에겐 군소리 없이 땅 팔아 빚도 갚아주는 엄마였다. 친자식에게만 유독 푸념을 늘어놓기 바빴다.

어머니가 병들고 나서 간간이 말씀하신다. 애지중지 전처자식에게 베풀어준 것에 대해 후회한다기보다 당신 친자녀에게 왜 그리 모질게 했는지. 이렇게 병이 들고 나서 전처 자식들이 아무도 찾지 않는 것에 대해 치매 초기엔 섭섭함을 내비쳤었다. 그러나 그것도 잠시 치매 중증으로 치달은 어머닌 곧잘 당신 자신을 잃어버린다.

어느 날은 일본식 노래로 천진스런 너덧 살 아이들이 주변에 있는 것처럼 함께 놀이를 하며 알아듣지 못하는 동요를 해맑게 따라 부르기도 한다. 그 순간은 정말 어린아이이다. 참 아름답다. 그러다가 일순 꼭꼭 잠긴 비밀 문을 확 열어버린다. 화장실 갈 때 속옷 내린 것보다 더 은밀한 그곳을 스스럼없이 확 벗어버린다. (여기선 속옷을 벗는다는 의미는 아니다)

중학교 1학년 다니다 느닷없이 부모님의 손에 이끌려 부모님의 고국으로 돌아온 엄마는 겨우 15살의 나이었다. 그 나이에 시집을 갔다. 입 하나 덜려고 부잣집으로 시집이 뭔지도 모르게 시집이란 시집을 갔다. 엄마는 치매 중증이 되어서야 그 비밀문을 확 열어버린 것이다. 우리 엄마가 15살에 꿈에도 모르는 시집을 갔다니. 우리 아버지 말고 또 다른 누군가가 있었단 말인가! 엄마의 마음의 방은 브레이크 파열된 자동차처럼 요철이 있는 곳을 멈추지 않고 무조건 빠른 속도로 거침없이 엑셀을 밟으며 질주하고 있었다.

내가 열다섯 살에 시집을 갔는데 신방이란 곳이 무서워 도망 나오면 당신 시어머니가 눈치를 주면서 자꾸만 신방으로 밀어 넣었다고 한다. 군대도 안 간 18살의 남편. 남편이 군대를 가고 난 사이 엄만 고된 시집살이를 했다고 한다. 밥할 줄도 모르는 어린 나이에 돌밥을 했다고 불이 나도록 뺨을 맞았는데 그때 하늘이 번쩍번쩍 번개 치는 것처럼 양 볼이 얼얼하고 확 달아올랐다고 한다. 얼마나 기억이 또렷했는지 세월이 많이 흘렀는데도 금방 일어난 일처럼 사실적으로 묘사를 하였다. 그렇게 당신 시어머니가 무서웠다고 한다. 군대 간 남편 없는 시집살이를 몇 해를 하다가 엄마가 도망을 나온 건지 소박을 맞은 건지 알 길이 없다. 그 무렵 6촌 오빠의 소개로 나이 많은 우리 아버지를 만났다. 나중에 안 일이지만 우리 아버진 때리지는 않았다고 한다. 얼마나 거칠게 맞고 눈엣가시 구박을 받았으면 나이 많은 사람이라도 때리지 않아서 좋았다고 할까!

15세의 트라우마는 너무나 컸다. 지금의 중학교 1,2학년의 나이다. 한참 웃고 떠들던 나이, 그 나이에 현해탄을 건너 낯선 곳에 시집을 갔다니. 그 당시 우리나라의 시대는 혼란을 거듭했다. 6.25 겪은 후 얼마 지나지 않은 난리통이었다. 그 삶은 피폐하기 이루 말할 수 없었을 것이다. 설상가상으로 당신의 양친을 이른 나이에 잃었다. 귀한 외동아들인 바우란 남동생은 어린 나이로 남의 집 머슴으로 갔다고 하니 얼마나 통곡할 일인가. 엄마의 비밀문이 열리고 난 후 줄줄이 쏟아지는 엄마의 사춘기 아닌 사춘기의 잔인한 봄날의 연속이었다.

엄마는 21살의 나이로 갓난아이인 큰언니를 업고 동네를 수소문해 남동생 생사를 알아보려 이곳저곳까지 찾아 나섰다고 한다. 들리는 풍문으론 병사를 했으며 동네 사람들에게 귀동냥으로만 들었을 뿐. 남동생은 외롭게 17살의 나이로 생을 마감했다고 한다. 그렇게 세상에 하나뿐인 피붙이를 가슴에 묻고 또 묻었다. 지금도 가끔씩 방구(바위의 사투리)야 내 동생 방구야. 세상에 하나 밖에 없는 동생 방구야 애절하게 부른다. 묘지 한번 가보지 못한 것이 87년 한으로 남는 것이었다.

우리 집 형제들은 엄마 성격을 많이 닮았다. 아버지는 유순한 성격이다. 인자한 성품의 소유자고 살가운 정이 넘치는, 자식들에겐 당신 모두를 내어주고도 아까워하지 않는 최고의 아버지인 것이다. 반면 엄마는 전처 자식들에겐 무조건적으로 헌신을 한다. 친자식들에겐 살갑지 않고 푸념을 늘어놓기 일쑤다. 그러나 이제는 안다. 엄마의 험난한 과거 힘들었던 과거를 조금이라도 보상받으려 되레 친자식들에게 엄하게 대했다는 생각이 든다. 엄마는 이제 늙고 기력이 쇠잔한, 그것도 중증치매환자인 것이다. 지금 당신은 정체성을 점점 잃어가고 있는 중이다. 겨우 이름 석 자 기억하고 있을 뿐이다. 몇 년째 당신을 모시고 수발하고 있는 남동생에게 오빠 오빠 어린아이처럼 떼쓰며 부른다. 남동생이 출장으로 집에 늦게 들어가는 날이면 엄마는 몹시도 불안해한다. 자기를 지켜줄 우군이 없다는 것을 본능적으로 안다. 어린 손녀딸들이 잘 대해줘도 당신 기억 속에는 손녀가 없는 것이다. 아무리 치매중증환자라고 해도 몸이 먼저 반응을 한다. 자기 자신이 낳은 자녀들은 본능적으로 우군인 것을. 그것도 엄마, 엄마 부르는 자녀들의 살가운 목소리를 본능적으로 구별한다. 말투에 가시가 돋친다거나 언어폭력을 행사하면 갑자기 엄마는 돌변한다. 치매가 있어도 아직 자존감은 살아있는 것이다. 그 자존감을 건드리면 갑자기 난폭해지는 것이다. 우리 엄마는 그래도 착한 치매다. 먹을 것을 챙겨주고 말 한마디라도 살갑게 대해주면 항상 고맙다는 말을 입에 달고 산다. 그렇다고 치매환자 돌보기 쉽다는 것은 아니니다. 어디서 들은 기억이 난다. 유치원생에게 몰입을 시키면 그 시간이 단 2분이라는 것이다. 치매환자도 그 시간이랑 비슷하다. 더 길지도 않다. 그런 엄마를 내 남동생이 5년을 넘게 모시고 있다. 엄마가 20년 불공을 드려 기도해서 낳은 첫 아들인 것이다. 그런 아들에게 엄마는 오빠 오빠 애교 섞인 콧소리 내며 따라다닌다. 오빠 오빠 다리 주물러줄까 하면 남동생은 진짜 오빠인척 여기 주물러 저기 주물러 꾹꾹 주물러 오빠 흉내를 낸다. 그렇게 엄마하고 남동생은 놀이하듯이 살가운 대화를 주고받는다. 예전엔 엄마와 남동생은 그저 화를 내며 서로 사랑 받기만을 원했다. 어느 순간 엄마가 중증치매환자인 것을 인지한 남동생은 무조건적으로 엄마에게 헌신을 한다. 치매노모 모시는 게 얼마나 힘든지 모시지 않은 사람은 그 심경을 모를 것이다. 구질구질하고 남동생 스트레스 받는 것까지 여기에 일일이 열거할 수 없지만 엄마와 남동생의 아름다운 모습만을 말하고 싶다. 살아있는 엄마 부축하며 서로 손을 꼭 잡고 걸어오는 노모와 머리 희끗한 오십의 중년 아들, 이 두 사람의 풍경은 세상의 어느 풍경보다도 아름답다.

엄마의 사춘기 봄날을 찾아 늙어가는 아들이 노모와 함께 오늘도 산책길에 나선다.

한영숙

2004년 ≪문학선≫등단. 시집『푸른 눈』『밍글라바미얀마』오탁번 외 기행시집 다수. 경기문화재단 우수창작발표 수혜, 발견작품상 등. 현재 한국시인협회 총무국장.

요양병원, 그 쓸쓸한 만남

황경순

요양병원에 계신 시아버님께

아버님!

지난 금요일 오후에 요양병원에 계신 아버님께 면회하러 갔지요. 3시 전까지만 면회가 되어 오전에 급한 일을 정신없이 처리하고 조퇴를 했으나, 남편은 결국 일이 있어 못가고 저 혼자 갔습니다. 달포 만에 뵈니 살이 더 빠지셨고, 관리하기 편하도록 머리까지 밀어서 마음이 너무 아팠어요. 항상 머리에 신경 쓰시는 아버님이신데 코로나 상황이라 외부로 나가기 힘들어 요양보호사가 직접 깎아 주었다고 하셨지요. 지난번에 남편이 필요하신 물건 전해주러 갔다가 잠시 보고 와서 머리를 완전히 미셨다기에 기분이 안 좋았는데, 직접 보니 눈물이 쏟아지려고 해서 간신히 참았어요. 여태 그런 말씀 잘 안하시더니 면회하는 시간 내내

"누가 뭐래도 평생 니가 고생했다. 내가 가끔 정신이 혼미해져서 헛소리해도 본심 아니니 이해해라"

고 수십 번 말씀을 하시니 죄스럽기도 하고, 너무 속상했어요.

전화로 저에게 싫은 소리 하신 게 그렇게 마음에 걸리셨나 봐요. 괜찮다고 해도 요양보호사에게 전화 막 한 일을 들으셨다면서 절대로 서운해 하지 말고, 늘 고맙다고 하시니 몸 둘 바를 모르겠어요. 그동안 면회는 못 해도 가끔 간식을 넣어 드렸었지요. 지난주에 시누이가 다녀갔다고 하셨지만, 이번엔 텀이 좀 길어져 호두과자랑 모시송편을 다른 것들과 함께 넣어 드렸더니, 아주 잘 먹었다고 여러 번 전화를 하셨지요.

코로나19가 심각한 상황이라 요양병원 이곳저곳에서 확진자가 생기는 바람에 사실 면회가 지금도 금지되었는데, 너무 오래 못 뵈어 사정사정을 해서 잠시 뵌 것이라 더욱 마음이 안 좋았어요.

아버님!

날씨가 추워지니 걱정이에요. 추석 무렵부터 내의를 입기 시

작해서 이듬해 6월까지 입으시는데 관리가 힘들다고 못 넣게 하네요. 난방으로 조절을 해서 춥지는 않다고 하시지만 식구들은 걱정이 됩니다. 올봄에 새로 산 내의들이 대여섯 벌이나 되는데 다 입지도 못하시고 불편해하실까 봐 특히 큰손녀가 걱정을 많이 해요. 밤에는 전기방석을 꼭 꽂고 주무세요.

아버님 뵙고 오니 주말 내내 기분이 너무 좋지 않았어요. 이제 집에서는 도저히 모실 수 없는 상황인데도, 약해지신 모습과 면회 자주 가겠다는 약속도, 가끔 주말에 농장에도 모셔 가겠다는 약속도, 코로나 장기화로 못 지켜서 죄송하기만 합니다. 병실에만 계시니 이젠 완전히 못 걷겠다고 하셔서 더 속상하지만, 코로나 풀리면 공기 좋은 곳으로 옮겨드리고 싶어요. 그러면 운동도 하시고 훨씬 좋아지시기만을 간절히 빌어요.

이번 주에 같은 병실의 50대 남자가 저세상으로 갔다고 하셨지요? 아버님의 기억이 가끔 끊기시는 듯하여 어디까지 믿어야 할지 몰랐는데 요양보호사 얘기를 들으니 정말이었어요. 함께 몇 달 생활하던 사람이 갑자기 사라지니 황망하고 죽고 사는 것에 대한 두려움이 얼마나 크실지 짐작이 됩니다.

"내가 너나 가족들 다시 볼 수 있을지 모르지만, 걱정하지 말고 편히 잘 지내라."라고 또 수십 번 얘기하셔서 마음이 아픕니다. 절대로 마음 약해지지 마시고 좋아질 수 있다는 희망을 가지셨으면 좋겠어요.

아버님!

올해 95세 생신을 9월에 맞으셨지요. 시집와서 35년 동안 제 손으로 미역국과 생일상을 차려드리지 않은 적이 없었는데, 올해 처음으로 요양병원에 계시니 제 마음이 그렇게 아플 수가 없었어요. 그래서 아비는 극성떤다고 했지만, 그냥 있을 수 없어서 새벽에 미역국 끓이고 전날 저녁에 사놓은 케이크와 함께 병원에 넣어 드리고 출근을 했지요. 그렇게 정정하시던 분이 6월에 갑자기 병원에 입원하셔서 참 안타깝고 속이 상합니다. 결혼 후 34년을 함께 살았지만 크게 입원하신 일은 없으셨지요. 물론 6년 전 어머님께서 돌아가시고, 4, 5년 전부터 대소변 조절이 힘들고 환영에 시달리기도 하고, 설사병과 무릎 때문에 병원을 자주 다니셨지만, 그 연세의 다른 분들에 비하면 건강하신 편이셔서 항상 다행스럽고 감사했어요.

6월에 음식을 드시다가 사레 걸리셔서 병원을 다녀오신 후론 밤새 한숨도 안 주무시고 환영을 보셨지요. 각종 상황극을 하면서 밖으로 자꾸 나가려고 하셔서 저랑 큰딸은 며칠 동안 잠을 제대로 못 잤어요. 방과 화장실은 몇 번을 치워도 소변과 설사의 흔적으로 냄새가 진동했는데 기억이 나시는지요? 무엇보다 낮에 집에 아무도 없어서 어떻게 해야 좋을지 막막했어요. 그래서 입원 후 각종 검사를 했는데 낮에는 멀쩡하시더니 밤에는 또 상태가 매우 안 좋아져서 한밤중에 병원에서 전화가 와서 어찌나 놀랐는지 몰라요. 그렇게 정정하시던 분이, 세월 앞에선 어찌할 수 없으니….

아버님이 집에 안 계신 지금, 아버님의 인생을 더 자주 생각하곤 합니다. 퇴직하면 아버님 같은 실향민을 모티브로 소설도 쓰고 싶거든요. 듣고 싶은 이야기도 아직 많기만 한데 갑자기 기억력도 건강도 나빠지셔서 안타까워요. 시집오던 다음 해 큰딸을 가져 거의 만삭의 몸으로 시아버님 회갑연을 했지요. 180이 넘는 키에 100킬로그램 정도의 장군 같은 풍채에 어찌나 목소리도 쩌렁쩌렁하셨던지! 그랬던 제가 벌써 올해 회갑이 되었으니 세월이 무상합니다. 아버님은 인천상륙작전, 서울 수복작전을 미군들과 함께 하신 참전용사셨고, 생활영어도 웬만큼 잘 구사하셨기에 늘 자랑스러웠어요. 1.4 후퇴, 흥남부두 철수 작전에도 함께 하셨다지요? 영화 '국제시장'을 식구들과 함께 보러 갔을 때 흥분해서 보시던 모습이 눈에 선합니다.

고향이 황해도 연백이라, 강화 교동에 가면 고향 마을이 보인다고 해마다 가셨고, 북쪽 고향을 잊지 말라고 가족들에게도 보여주셨지요. 지주 집안이었던 8남매 중 맏이라 일제와 공산당의 탄압을 받아 늘 외지를 떠돌다가 월남하셨지요. 종전 후 따로 월남한 바로 밑 남동생과 시내에서 우연히 상봉하여 두 분만 남쪽에서 살게 되셨지요. 15년 전, 금강산 이산가족 상봉에서 함경도로 이주한 두 남동생을 만나곤 꿈꾸듯 좋아하셨지요. 누구보다 가족을 아끼시고, 오래 함께 산 며느리인 저를 아들보다 더 믿어주시고 바쁜 저를 이해해주셨지요, 아들이 좀 무뚝뚝하고 철없다고, 사이가 안 좋을 땐 제 편을 더 들어주셨지요. 친정아버지와 산 시간보다 시아버님과 함께 산 세월이 한참 더 길어 아버님을 많이 의지하고 살았는데 약해지신 모습을 보면 자꾸 눈물이 나곤 합니다.

일반 병원에 보름 동안 입원하실 때 "오늘부터 여기서 당분간 치료 잘 받으시고 얼른 나오셔야 해요. 코로나 때문에 식구들이 한꺼번에 못 오고, 오래 못 있어도 잘 견디셔야 해요. 저분들이 잘 도와주실 테고, 간호사님들도 계시니 불편한 것은 항상 말씀드리세요."

하고 간병인에게 맡기고 돌아 나오는데, 소변 줄을 달고 계신 모습을 보니 눈물이 나와 차에서 한참 멍하니 있었지요. '낮엔 저리 멀쩡하신데, 얼마나 갑갑하실까? 정신이 혼미해지시고 대소변도 처리가 힘드시니 이제 집에 못 오실 걸 아시면 얼마나 서러우실지…' 난감했었어요. 결국 그 후 요양병원으로 가셔서 여태 계시니 참으로 가슴 아픕니다. 면회를 갈 때마다 코로나로 인해 멀찍이서, 그나마도 유리벽을 사이에 두고 만나야 하니 그 쓸쓸한 만남에 다녀오면 며칠 동안 가슴이 먹먹합니다.

아, 긴 수명을 주셨으면 온전한 건강도 함께 주시면 얼마나 좋을까요? 힘이 떨어지면 순식간에 사라질 수 있는 마법이 있으면 얼마나 좋을까요?

아버님! 이제 가을이 깊어갑니다. 아파트 앞 은행잎은 완전히 황금빛으로 물들었고, 늘 가시던 동사무소 앞 놀이터에도 울긋불긋 단풍이 들었어요. 세상이 저렇게 환하고 눈부신데 아버님은 좁은 병실에 갇혀 계시니, 인생은 참 아이러니하네요. 아리스토텔레스가 '슬픔 너 아름다움이여'라고 한 말이 와 닿아요. 가을이 눈부신 것은 슬퍼서 아름다운 것이 아닌가 싶어요.

아버님! 코로나로 온 지구 사람들이 우울해하고 있어요. 그래서 더 힘드신 줄 알지만, 부디 자포자기하지 마시고, 늘 좋은 기억만 떠올리시면서 조금이라도 편안하고 건강하시길 바랄게요. 늘 존경하고 사랑해요.

먹느리 올림

황경순

경북 예천 출생, 대구에서 성장, 서울 거주. 2006년 ≪미네르바≫ 등단. 시집 『나는 오늘, 바닷물이 되었다』(2010. 문학아카데미), 『거대한 탁본』(2016. 문학아카데미), 2017 상반기 세종우수도서 선정. 한국문인협회 회원, 한국시인협회 회원, 시산맥회원, 미네르바문학회 사무국장 역임. 현재 문학아카데미시인회 회장

당신의 들꽃

당신의 들꽃

강미숙

여보! 단풍이 물드는 시월입니다. 일찌감치 자리에 누우신 당신을 안방과 건넌방에 벽을 사이에 두고 다정히 불러봅니다. 글로 쓰면 이렇게 쉬운데 생활 속에선 왜 그리 잘 안 되는지 모르겠습니다.

'오늘도 당신의 첫 마디를 부드럽게 대했어도 다툼이 없었을 텐데… '라며 후회를 합니다. 우린 언제부터 이렇게 낯설어 졌을까요? 한 이불을 덮고 자야 하는 사이에

가타부타 따지지 말고 서로에게 편이 되어주면 얼마나 좋을까요?

남편이란 남의 편이란 말도 있더군요. 당신이 저에겐 세상에

서 가장 가까운 사람인데 남의 편이라니 참 아이러니한 말입니다. 편이란 무조건 손을 들어주는 일! 설령 도둑으로 몰려도 그 사람의 말과 행동에 동의해 주는 일이지요. 그런데 남의 편이란 말이 섭섭하게 들립니다. 당신은 그냥 제 편이라고 믿으렵니다. 들꽃을 한 아름씩 꺾어다 주시는 당신의 마음을 저는 믿습니다.

오늘도 당신이 꽃다발을 주셨지요. 소파에서 텔레비전을 보다가 잠시 노루잠에 빠진 저를 깨워서 나뭇짐을 해 오듯 한가득 들고 와 보여 주신 당신에게 감사의 표현에 앞서 제가 버럭 ~ 소리를 지르며 치우라고 했지요. " 여보, 받아요~" 하며 당신이 건네주는 순간 메뚜기 한 마리가 펄쩍 뛰쳐나와 거실로 내려앉는 바람에 순간 놀라기도 했고 가리지 않고 마구잡이로 꺾어 온 듯한 꽃다발에 괜스레 화가 났었습니다.

당신과 첫 데이트를 하던 날, 시외버스에 나란히 자리 잡고 앉자마자 잠시 간식거리를 사 온다고 하고선 한 봉지에 다섯 개 들어있고 쪄지지 않아 딱딱한 호빵과 1.5L의 사이다를 양손에 들고서 옆자리에 앉던 그 날도 저는 내심 걱정스러웠습니다. '세상에 대한 센스도 여자에 대한 센스도 무딘 이 남자 어쩌지?' 하고요.

제가 잠시 옛일을 회상하는 동안 당신은 고집스럽게 빈 꿀단지에 물을 채워 나름의 꽃꽂이를 해 두고 술 한잔을 하러 나가셨고 저는 조용히 가위를 들고 당신의 무작스러운 애정을 전지하였습니다. 갈대와 코스모스를 단아한 모습으로 변화 시켜 거실의 반닫이 앞에 놓고 사진을 찍어 가족밴드에 올렸지요.

저는 욕심이 많은가 봅니다. 저를 생각해 주는 마음을 조금만 다듬어서 전해주면 얼마나 좋을까? 하고 가끔 당신의 다른 모습을 상상해 보곤 합니다. 당신도 마찬가지로 저에 대한 욕심이 있겠지요. 일생을 동거동락하는 부부끼리 완벽할 수 있다면 금상첨화겠지만 서로서로 부족한 점을 채워주며 살아가라고 두 사람이 한 쌍으로 지어진 인연이 아니겠습니까?

어느 날 베란다에 당신이 널어둔 빨래들 중에 저의 체크무늬 셔츠가 떠오릅니다.

단추를 모두 채워서 옷걸이에 가지런히 걸어두셨지요. 당신은 저의 삶을 꽁꽁 여며 주셨을 거에요. 바람에 펄럭이는 옷자락처럼 세상일에 허덕여 추울까봐 손길을 건네 주셨을 거예요. 알고 보면 당신은 저에게 섬세하고 자상한 남편이란 사실을 잊곤 합니다.

두 달 전, 교직에 정년퇴임을 하시고 일상의 변화로 인한 스트레스가 많으실 텐데

제가 내조를 소홀히 한 것 같아 죄송합니다. 눈 뜨면 제가 하는 일이 바쁘다는 핑계로 따뜻한 말 한마디 해드리지 못했습니다. 찬 밥 한 덩이 싸들고 산으로 가시는 당신의 뒷모습을 보며 속으로는 마음이 짠했습니다. 그럴 땐 매사에 잘해드려야 한다고 생각을 하면서도 실천이 잘 안 되곤 합니다.

오늘도 마찬가지였습니다. 더불어 아침에 당신이 깜빡하고 갈치찌개를 태웠다며 지나치게 화를 낸 것도 사과드릴게요. 앞으로 더 살면서 우리가 함께 늙어 갈 것이고 잦은 실수를 하게 될 것인데 그때마다 질타를 한다면 얼마나 싸워야 할지요. 어쩌면 저는 새카맣게 탄 갈치에 대해 화가 난 것보다는 당신에게 의지하기 위해서

더 화가 났는지도 모릅니다. 우리 집의 기둥이신 당신의 총기가 영영 빛났으면 좋겠으며 생활에서 한 치의 실수도 없길 바라는 욕심이었을 것입니다.

여보! 가을이 깊어가고 있습니다. 우리 부부의 삶도 단감처럼 곱게 익었으면 좋겠습니다. 당신의 이마에 주름이 밭고랑처

럼 깊어지고 저의 머리카락이 억새처럼 하얗게 변해가도 처음 만난 설렘으로 살아간다면 참 행복할 것입니다. 오늘처럼 작은 일로 아옹다옹 다투어도 좋겠어요. 당신이 곰국을 태워도 화내지 않을게요. 아프지 마시고 오래오래 건강하게 살아주세요. 전지 되지 않은 그 사랑, 산처럼 전해주시면 제가 예쁘게 가꾸어 나가겠습니다. 사랑합니다.

아내로부터

강미숙

2010년 ≪문학공간≫ 시조 등단. 2019년 ≪문학공간≫ 시 등단. 시집『달빛 뜨락』, 한국문인협회 회원. 경남문인협회 회원.

사랑하는 남편, 경천씨에게

고명자

뒷마당의 복숭아나무 뽕나무도 가을 가뭄에 말라 잎이 바스라지고 있어요. 언제나 한결같아 보이지만 나무는 꽃 피는 시절과 잎 지는 시절을 스스로 알고 있는 것 같습니다. 나무의 지나간 시간의 꽃무늬를 떠올리면 새는 울고 나는 노래를 하였지요. 그러나 이젠 겨울 삭정이로 돌아가 추위를 견뎌야 할 차례입니다.

자연은 사람을 학습하게 했지만 그럼에도 인간은 몸에 기억된 두려움으로 미래를 사는 건 아닌지 궁금해집니다. '어느새 저 나무들도 자연으로 돌아갈 채비를 하고 있구나, 그래! 참 고맙구나' 라고 감사 기도를 드려야 할 터인데 마음 한 켠이 서늘해져

옵니다. 하늘의 이치, 땅의 이치, 자연의 이치를 깨달음직한 육십 갑자 넘은 나이에 오히려 이렇게 허탈해져옵니다. 갑자기 '이게 뭐지, 삶, 이게 뭐야' 하는 반문이 생겨 마음공부도 인생 공부도 다 헛공부구나 하는 생각이 들어 부끄럽습니다.

가족이란, 서로를 위한 울타리로서 편안하고 아름다운 것이라고 말합니다. 그래서 어떤 이는 울타리에 장미를 피워 올리고 누구는 쇠창살을 꽂기도 합니다. 당신과 나는 장미와 쇠창살의 경계를 무섭도록 넘나들면서 가족으로 40여년을 산 것 같습니다. 더 잘 지켜보기, 지켜주기 위하여 아옹다옹했지만 그것 또한 가족으로서의 삶이었다고 생각합니다. 슬픔, 아픔, 기쁨도 함께 하면 행복이 더 커진다고 말하는데 오랜 시간 병상에서 지낸 당신을 보며 어쩐 일인지 나는 지쳐갑니다. 아무리 사랑하는 사이래도 육체의 고통은 나눠가질 수 없으니 당신의 몸이 내 눈 앞에서 가을나무처럼 꺼져가고 있다는 것을 막막하게 지켜만 보고 있습니다. 이제 60의 중반을 넘어 한창 단풍 들어 아름다울 나이에 그런 당신을 속수무책으로 지켜보고 있자니 내가 내 목을 조이는 것처럼 고통스럽습니다.

'나 과부 되기 싫다' 그날 직장암 2기 판정을 받고 불안해하는 당신에게 내가 단호하게 한 말이에요. 그 말에 힘을 얻었다고 수술실을 들어가며 내 손을 잡아주는 당신에게 오히려 내가 위로를 받았어요. 당신의 항암 투병생활도 5년이 되어갑니다. 수십 번의 항암을 잘 견뎌준 것이 고맙기만 합니다. 어떤 약은 효과가 없고 어떤 약은 부작용이 생기면서 머리맡에는 약병이 늘어만 갑니다. 그렇게 독하다는 항암 치료를 거부하지 않고 꾸준히 잘 받아서 조금 나아지고 있어 기쁘기도 했었습니다.

"육십 년이 넘도록 몸을 부려먹었으니 고장 날 만도 하지" 당신이 이런 말로 나를 위로하고 병원으로 가는 날 밤이면 집안의 문이란 문은 단단히 끌어 잠그고 가스밸브도 다시 확인하곤 합니다. 나도 외출을 삼가하고 아이들도 집에 일찍 들어오게 합니다. 어제 항암을 마치고 돌아왔으니 힘을 얻으려면 며칠은 또 고생을 해야겠지요.

오늘 아침 식사는 묽게 끓인 보리죽이었어요. 간장만 찍어 몇 숟가락 뜨면서 전어회가 먹고 싶다고 이야기해주어 고마워요.

살아나려는 의지가 있다는 암호이니까요. 단단하고 질긴 음식, 달고 맵고 짠 자극적 음식은 어느새 당신의 식탁에서 사라졌습니다. 어떤 음식은 역반응이 일어 토하고 설사하고 온 몸이 아프다고 하니 좋아하는 음식도 재대로 먹을 수 없는 몸의 비애가 어떤 것인지, 고통은 어디까지인지 나는 잘 모릅니다. 누룽지를 삶고 보리를 갈아 쑨 죽을 먹는 당신의 몸무게가 점점 줄어가는 모습을 보는 일이 괴롭습니다. 가을 풀잎처럼 당신의 허리가 접히고 야위어 가니 나는 지난 세월 8척 장골이었던 당신과의 시간을 떠올리곤 합니다 .

큰 아이 주영이와 딸 주희는 우리가 함께 살았던 사랑의 물증이지요. 우리가 신혼 생활을 했던 양산고등학교 운동장을 셋이서 함께 있을 때는 벚꽃 흐드러진 봄날이었어요. 돌잡이 무렵의 아들 주영이를 유모차에 태우고 씽씽 날아다니던 시절을 떠올려봅니다. 돌아보니 우리의 이십대 후반의 시절이 한 편의 영화처럼 아름답네요. 함께 있으니 꿈이라 말하지 않아도 꿈같던 더 이상의 바람이 없었던 시절이었어요. 아이 신발을 사고 시골장터에 앉아 칼국수를 사먹고 유모차를 밀며 집으로 돌아오는 저녁은 어두웠지요. 그러나 우리는 그 어두움이 무엇인지 전혀 알 수 없었던 눈부신 시절이었습니다.

당신이 몸을 다쳐 서울 백병원에 한 달 가량 입원을 했던 때에는 우리 딸 주희가 두 돌이 채 되지 않았어요. 주영이는 가까스로 친정 엄마에게 맡겼지만 고집쟁이 주희는 떨어지려 하지 않아 병원에서 함께 한 달을 살아야 했었지요. 크레졸 냄새, 흰 벽, 신음소리, 피 냄새, 어린 것이지만 병원이란 공간이 얼마나 낯설고 무서웠겠어요. 주희는 밤새 울고 보채고 아픈 당신은 신음소리도 못 내고 나는 그런 우리 처지가 기막혀 눈물도 나지 않았던 때가 있었습니다. 좋지 않은 기억은 시간 속에 자연스럽게 잊히기 마련인데요. 당신과 나에게는 핑크빛 추억만 있는 줄 알았는데 편지를 쓰는 이 순간 아픈 시절도 무연히 떠올라 가슴 먹먹해 옵니다.

당신이 마당에 앉아 햇볕을 쬐기도 하고 혼자 동네 산책을 나가는 뒷모습을 보여주니 생의 의지가 전해져 힘이 납니다. "아픔은 지켜보는 사람이 더 아파" 돌아서서 혼자 투덜거리다가도 당신의 그 묵묵한 자세를 보면 안도의 숨이 쉬어집니다. 다시 예전의 시간으로 돌아가 전구도 갈아주고 낡은 주택의 현관문도 고쳐주고 동네 시끄러운 일에 대신 나서서 목소리도 높여주는 날을 기다리겠습니다.

"서너 달 있으면 기초연금도 나오는데 그것도 좀 타보고 싶다" "기초연금 그 돈 받아서 자갈치시장에 가서 꼼장어 구이도 사먹고 국제시장으로 단팥죽도 사먹으러 가자" 하며 당신은 내일 수학여행 가는 즐거운 소년처럼 부풀어있습니다. 당신의 병이 딱 사흘만 아프고 금방 일어나지는 배탈 같은 것이었으면 좋겠습니다. 미워 미워한다면서 사십 여년을 살았으니 아이들 혼사도 함께 치러야 하고 코로나가 끝나면 제주도 여행도 가야 하니까요.

돌이켜보니 시간은 한순간 오고 가는 것이 아니라 오래 우리들 곁을 흐르고 있었습니다. 시간은 당신과 나에게 그리고 아이들에게 사랑과 생명의 심오함을, 그리고 인생의 희로애락을 지금도 가르쳐주고 있습니다. 당신께 두고두고 고마워 할 일은 무얼까 오래 생각해봤습니다. 가장 큰 선물은 자식들이었습니다. 아이들 커가는 모습이 나를 가장 행복하게 했으며 당신으로 인해 가장 훌륭한 일을 해낸 것이라고 크게 외칠 수 있습니다. 가족이라는 시간은 과거형이 아니라 현재형이고 미래형이라는 것을 살아갈수록 깊이 깨닫게 됩니다…

항암치료를 하려면 다시 입원을 해야 하는 일이 남았지만 여태껏 잘 이겨낸 것처럼 믿어요, 당신을, 오늘의 고통은 건강한 미래로 가려는 당신 몸의 의지이니까요…

아내 명자드림

고명자

2005년 ≪시와 정신≫ 등단. 시와 정신 편집차장. 시집 『술병들의 묘지』『그 밖은 참, 심심한 봄날이라』, 2018 백신애 창작기금 수혜.

‘헛세’를 좋아하세요?

송소영

여보, 거실 밖으로 내다보이는 베란다 창틀에 물방울이 맺혀 있네요. 가을비가 내렸나 봐요. 오늘이 어느새 11월 1일입니다. 스무 날이 지나면 우리의 마흔두 번째 결혼기념일입니다. 세상을 뒤흔들고 있는 코로나에도 변함없이, 오늘도 당신은 ‘다녀올게’ 하며 오른손을 들어 보이고 현관문을 나갔습니다. 사계절 햇볕에 내놓아 잡티로 가득한, 나이보다 대여섯 살은 족히 더 먹어 보이는 까무잡잡한 얼굴로….

나가는 당신의 뒷모습을 바라봅니다. 청바지 속에 감추어진 다리는 철족이라 불렀던 말이 무색할 정도로 가늘어졌고 파스를 몇 장씩이나 붙인 팔은 어깨 아래로 힘없이 늘어져 있습니다. 언제 이렇게 세월이 흐른 걸까요? 생전 미팅이라는 것을 하지 않던 내가 '전생의 인연 때문이었을까?' 처음으로 대학 기숙사 방 미팅에 나갔습니다. 그리고 '헷세'를 좋아하세요?'라고 적힌 쪽지를 당신이 집어 들었지요. 그렇게 파트너로 만난 우리는 대학을 졸업하고 당신이 군대를 다녀온 후 결혼을 하였습니다.

어느새 수많은 시간이 흘러 현직에서 은퇴를 한 우리는 예순일곱 살, 예순다섯 살이 되어 항간에서 지공선사라 부르는 하염없는 나이가 돼 버렸습니다. 오늘 당신의 뒷모습을 바라보며, 죽어서도 또 다음 생에서도 오직 나를 택하겠다는 그 어리석은 우직함에 자신에 대한 부끄러움과 당신에 대한 고마움으로 눈시울이 저절로 붉어졌습니다. 이 무슨 가당치 않은 말인가요?

다음 생에서는 당신, 여행을 좋아하여 툭 하면 집을 비우고 이리저리 낯선 곳을 찾아 떠돌아다니는 나 말고 꼭 살림 잘하는 여자 만나서 맛있는 음식으로 하루 식사 해결하며 행복하게 살아요. (헤매 다닌 세월의 미안함에 감정이 복받쳐 올라 잠시 눈물을 닦고 왔습니다.)

당신은 스물세 살에 날 만나 비를 맞기 좋아하는 철없는 여자를 따라 ROTC 복장을 흠뻑 적시며 억수로 쏟아지는 빗속을 우산도 없이 걸어 다녔지요.

오늘도 그 옛날처럼 가을비가 추적입니다. 그날 당신은 대전에 있는 내게 시외전화로 '헷세'의 '가을비'란 시를 읽어주었지요.

나는 사랑한다, 바깥에 비가/ 흠뻑 젖은 나무 위로 세차게 내리는 것을,/ 바람이 헐벗은 가을의 정원을/ 세차게 때리며 지나가는 것을.// 나는 사랑한다, 힘든 밤에/ 어두운 세계 위로/ 검은 밤의 여신의 오른 손에/ 꿈의 풍요로운 뿔이 쥐어져 있는 것을.// 나직하게 떨리는 노래가/ 아주 먼 미래의 일에 대한/ 수줍은 기도처럼/ 내 영혼을 스쳐 지나가는 것을.// 그때 일상이/ 우울한 근심거리를 가져와도,/ 나는 그것을 참고 극복하리라./ 그리고 자유로이 승리자가 되리라.

우리는 그날, 서로 다짐했습니다.

'일상이 우울한 근심거리를 가져와도 그것을 참고 극복하여 자유로이 승리자가 되기로….

그리고 11월 21일, 결혼을 하고 올해로 사십일 년이 흘렀습니다.

결혼기념일을 맞이하여 평생 사랑을 받기만 했던 무심한 내가, 오늘 당신의 한없이 늙어버린 뒷모습을 보며 눈시울을 붉히다 이렇게 오랜 세월이 지난 후 두 번째 편지를 씁니다.

36년을 공직에서 보낸 당신은 이제 농부입니다. 아침마다 작업복 바지를 입고 모자를 쓰고, 항상 손에는 닭들에게 줄 무언가를 잔뜩 싸들고 집을 나섭니다.

그렇게, 퇴직한 바로 다음날부터 당신은 쉼 없이 늘 농장을 오가고 있지요. 친구들이 다 하는 그 흔한 골프도, 스포츠 댄스도, 색소폰 불기도 모두 마다하고 말입니다. 생명을 가꾸고 돌보는 것으로 은퇴 후의 삶을 이어가며 그 즐거움에 곁들여 '친환경 유기농 채소들과 토종닭의 무항생제 자연란을, 가족들의 먹거리로 제공할 수 있으니 더 이상 바랄게 없다'고 하면서 말입니다.

이렇게 당신이 자신을 내려놓고 조용히, 검버섯이 가뭇가뭇 핀 농부의 얼굴로 적응하기까지는 실로 많은 힘든 시간이 있었지요.

아침 7시부터 밤 10시까지 끊임없이 바쁘게 달려왔던 수십 년의 일상을 어찌 퇴직이라는 이름으로 하루아침에 멈출 수 있었겠어요!

당신은 퇴직 후 한 이년 여를 우울증에 시달렸지요. 일요일이면 오르내리던 광교산의 등반로 중 종루봉에서 내려오다 만나는 비탈길을 예전처럼 맘 편히 지나치질 못했습니다. 그곳을 지날 때마다 누군가가 귓속에 대고 무슨 말인지 정확히는 말할 수 없지만 의미심장한 소리를 웅얼거린다고 스틱을 집어 던지며 소리를 질렀습니다.

그런 일이 반복되자 우리는 일요일이면 일상의 즐거움이었던, 광교산에서의 점심도시락 먹기 등반도 더 이상 할 수가 없었습니다. 그런 일에 대한 언급을 서로 회피하며 등에서는 배낭이 내려지고 침묵 속에 어두운 하루하루가 지나갔지요. 하루가 저물고 밤이 되면 당신의 불안정한 꿈속을 살피며 나는 잠을 이루지 못했고 서서히, 산다는 것에 대한 의미를 잃어가기 시작했습니다. 하지만 남에게 해를 끼친 기억도 별로 없는, 근검절약하며 살아온 우리의 평범한 삶을 이렇게 망가뜨릴 수는 없었습니다… 정말 힘들게, 우리는 일어섰습니다.

가장 잘한 일은 십여 년 전부터 버킷 리스트 속에 있었으나 시간이 허락지 않아 결행하지 못했던, 사십여 일간의 '산티아고 순례길'을 다녀온 것입니다.

나는 평범한 삶을 다시 찾아야 했습니다. 간절한 소원임을 몇 달에 걸쳐 되뇌자 마지못해 당신도 승낙을 했지요. 승낙을 했다 하나 삼십사 일을 날마다 이십여 킬로미터 이상씩 걸어야 하는 길을 바로 떠날 수는 없었습니다.

우리는 체력을 단련하기로 마음을 굳게 먹고 걷기 연습을 시작했지요. 서호천변 산책길 8㎞로 시작해, 일주일 간격으로 거리를 늘여갔습니다. 그렇게 대여섯 달이 지나자 우리는 하루에, 집에서부터 백운호수까지 왕복 28㎞ 정도를 여덟 시간에 걸쳐 걸을 수 있게 되었지요.

어느새 새해가 밝고 예순다섯 살, 예순세 살이 된 우리는 사십여 일 예정으로 803.5㎞를 오로지 걷기 위해서, 3월 16일 프랑스 '생장'으로 떠났습니다.

보온병에 담아온 따듯한 커피와 빵으로 길가에 앉아 점심을 먹으며, 하루하루를 정말 열심히 걷기만 했지요. 그리고 4월 15일 걷기 시작한지 29일차 되는 날, '뜨리아까스텔라'에서 '사리아'로 가는 25㎞의 사모스 루트.

평생 잊지 못할 겁니다. 그날 당신은 1/5쯤 걸은 후부터 걷지를 못했습니다. '어지럽다'고 하더니 주저앉기 시작했지요. '세상이 온통 하얗게 보인다.'며 '죽을 것 같다'고 했습니다. 그러면서도 '완주를 해야만 한다.'고 택시도 마다하고 고집을 피우며 쓰러졌다 힘겹게 일어서기를 반복하며 열한 시간을 그렇게 걸었습니다. 죽기 아니면 살기로…

'의지의 한국인 고집불통' 당신은 그렇게 자신을 이겨냈습니다.

어제도 당신은 얘기했습니다.

몸은 늙어 힘은 빠졌어도 당신을 사랑하는 마음은 '스물여섯 살, '헷세'의 시를 읽어주던 그날과 변함없다'고. 고맙습니다. 이번 세상에서 당신을 만나, 난 참 행복한 여자였습니다.

각설하고, '비 그친 뒤, 내일부터 기온이 뚝 떨어져 울금을 캐야 한다'고 일요일인데도 아침 일찍 나간 당신, 몸에 너무 무리가 되지 않도록 해지기 전에 집에 돌아왔으면 합니다. 오늘은 인범이도 함께 아버지를 기다리고 있습니다.

가을비에 젖은 낙엽 위로, 해그림자가 길게 비치고 있습니다.

어느새 오후 4시가 넘었어요…

하우 드림.

송소영

2009년 ≪문학선≫으로 등단. 시집『사랑의 존재』

내가 갈 때까지 기다려요

이숙이

당신 없는 거실에서 창밖을 바라봅니다. 나뭇잎들이 울긋불긋 야단입니다. 당신은 늘 이 자리에 앉아 창 너머 허공을 바라보고 계셨습니다.

당신을 보내고 몇 해가 지났습니다. 당신이 가엾어서 묵주를 굴리며 오늘도 기도합니다.

지나온 세월을 가만히 더듬어 봅니다.

단단한 돌성인 줄 알고 쌓았던 것이 모래성인 줄 미처 몰랐습니다.

쌓고 쌓고 쌓다가 돌아서면 파도가 덮친 듯 사라지는 성.

사랑의 성, 미움의 성, 고통의 성, 상처 난 가슴에 다시 가시로 후벼 파는 후회의 성, 석양이 불지른 듯 타오르는 복수의 성.

성 때문에 찢기고 할 퀸 만신창이의 성, 시간은 무뢰하고 잔혹하고 비굴하게 덮치고 쓸어가며 야속하였습니다.

전사처럼 다시 일어나 긴 칼 짧은 칼 바꿔가며 휘두르다 세상의 무기에 찔리고 상처받아 병들어 갔습니까.

때로는 순간이 영원과 불멸의 사이에서 진리와 진실의 혼돈 속에서 순수성을 잃어가기도 했습니다.

죽었다가 살아나기도

등 돌리고 가다가 돌아서 달려들어 상처를 내고 비웃던 시간들.

던져지는 큰 돌 작은 돌 다 받아 안아도 다시 더 큰 돌을 만들어 던지는 세상은 온통 미움 덩어리이기도 했습니다.

언젠가 무덤 사이에서 피어난 패랭이꽃을 보며 당신인가 싶었습니다.

세상이 돌무덤인 줄 모르고 싹을 내고 꽃을 피운 패랭이꽃.

물 한 모금 마실 곳 없는 황폐한 돌무덤사이에서 피었다가 시

들어 가는 꽃처럼 당신은 병실에서 독약을 마신 듯 죽어갔습니다.

아무것도 삼킬 수 없고 아무것도 몸 안으로 받아들이지 못하다가 기적처럼 생기를 찾던 날의 밤, 나는 하늘의 별을 보았습니다.

다시 살 수 있다는 소망에 가슴이 벅찼습니다.

그 순간의 절실함. 내겐 당신이 절실했습니다. 살아있어 절실했습니다.

그렇게 나는 당신을 다시 만났습니다. 지난 세월의 모래성 같다고 여겼던 것들이 우리들이 쌓은 견고한 성이었던 것입니다.

내가 당신이고 당신이 나인 듯 주름진 얼굴과 구부러진 등 뒤에서 심해보다 깊은 경의를 표합니다.

이제와 생각해보니 당신은 내게 우주 보다 더 컸습니다.

당신의 부재가 나로 하여금 이토록 안타까움과 후회를 낳게 합니다.

다음에, 다음에… 했던 것들이 이제 다가갈 수도 없고 손 한 번 잡아 볼 수도 없으니 이 무상한 마음이 천 갈래 만 갈래 찢어지는 듯합니다.

그대! 그대! 낮고 깊게 불러보지만 그대, 당신은 이미 떠나고 없습니다.

왜 세상은, 우리는, 끝을 향해 가야만 하는 걸까요.

못다한 사랑과 할 수 없었던 이야기들.

나는 지금 후회와 비굴로 숨고만 싶습니다.

지난여름 당신의 집, 배롱나무아래서 당신을 이렇게 불러봤습니다.

배롱나무꽃이 목이 미어터지게 피었다
땡볕에 애간장이 검붉게 짓물렀다
저 사람은 콜탈 같은 어둠에 빠져 기척이 없다
지금쯤 어느만큼 흙으로 가고 있는지
한 계단 한 계단 내딛는 발꿈치가 자꾸 걸린다
양쪽 난간을 잡고 망설인다
흙으로 돌아가고 있는 그가 나를 알아볼까, 불러줄까
바짝바짝 말라가는 목구멍을 시린 기억들이 울컥 할킨다
그를 다시 꺼내 올 수 있을까

그의 멱살을 잡아끌며 못 다한 말 퍼부은 뒤

다시 끌어안고 쓰다듬으면

얽히고설킨 한을 다 풀 수 있을까

바람이 분다

간댕이가 덜컹 내려앉는다

얼마나 얼마나 내가 미워하는지

얼마나 얼마나 내가 그리워하는지

알까, 그는

배롱나무 꽃잎 하나 내 어깨에 떨어져 앉는다

–졸시, 「배롱나무 아래」 전문

얼마전에 캐나다에서 큰 아이가 왔습니다. 당신이 누워계신 그 집에 들러서 전화를 했습니다. 당신이 나를 바꿔달랜다고요…. 나도 당신인 듯 전화 받았습니다.

캐나다에서 잠시 다니러 온 큰 애가 아버지 뵈러가서 "엄마, 아버지가 전화 바꿔 달래요."한다.

"이봐요, 그곳은 지낼만해요? 우린 다 잘 있어요. 내가 갈 때까지 기다려요."

전화기 너머 그이가 잠든 무덤 옆 목련나무 잎 지는 소리만 둥글다.

―졸시, 「멀리서 온 전화」

당신, 날이 차가워져 갑니다. 당신이 누운 자리, 춥지 않아요?

이숙이

시집 『바다로 가는 소금』 『꽃들은 만개의 꿈을 반복한다』 『누가 시간 좀 빌려주세요』 등으로 작품 활동 시작.

푸르른 가을 하늘의 판타지

이정원

하늘이 맑고 드높네요, 그리고 짙푸르네요.

누구나 늘 맑고 드높은 하늘을 갈구하지만 그런 하늘을 만나기 쉽지 않지요. 더구나 코로나19로 인해 마음에 먹구름이 끼어서인지 그런 하늘이라 해도 마음은커녕 눈엔들 들어오겠어요?

여보, 내 마음에 이제야 저 하늘이 눈에 들어와 박히고 마음속에서도 호수처럼 찰랑거리네요. 그동안은 매연에 찌든 시커먼 먹구름에 짓눌려 고개를 들 수조차 숨을 쉴 수조차 없었다는 걸 부인할 수 없어요.

작년 추석 무렵이었지요. 퇴임 후 건강을 자신하며 혼자 농장일을 씩씩하게 하며 살던 당신이 느닷없이 쓰러졌지요. 그날 추석 전전날이어서 모처럼 집에 왔고 체기가 있다고 동네 한의원에 갔다 오는 길에 갑자기 전화가 와 달려 나갔을 때는 사람들이 웅성웅성 모여 있는 가운데 쓰러져 게거품을 흘리고 있지 않았겠어요? 혼비백산이란 그런 때 쓰는 말이더군요. 뒤미처 119구급차가 오고 심정지 판정을 받은 후 응급실에 도착했으나 살아날 수 있다는 희망은 거의 없었지요. 남의 일이라고만 생각했던 급성심근경색이란 병명! 관상동맥 세 가닥 중 두 가닥은 이미 오래 전에 막혔다 하고 나머지 한 가닥으로 겨우 지탱하다가 그것마저 막혀 그 지경이 되었다는데 도저히 뚫을 수 없다 했지요. 의식도 잃은 채 줄줄이 갖은 의료장치는 다 매달고 혈액투석까지 하며 몸은 퉁퉁 붓고 차디차 최악의 상황이었으니 그때의 절망감을 무어라 표현하리오.

그때부터 우리 가족의 힘든 사투가 시작되었다오. 당신은 무의식중이라 병원에서의 힘들고 아픈 기억은 하나도 없다 하니 오로지 그 고통은 나머지 가족의 몫이었지만 그래도 그 힘들고 끔찍한 순간들을 이겨낸 당신이 정말 자랑스럽다오. 중환자실에서만 3주 일반병실에서 한 달, 도합 50일 간의 병상일지는 내 인생의 가장 잔인한 기억의 두툼한 페이지라오. 우여곡절과 희비가 수없이 교차되었던 그간의 일들을 새삼 반추해보면 참말이지 한 편의 의학드라마였다오.

그 후 우리의 일상은 다 무너졌다오. 당신에게 올인하는 날들이었지요. 쓰러진 그 밤으로 중환자실로 이송된 당신은 죽은 사람이나 매한가지였소. 살아날 가망이 거의 없어 보였지만 나는 간절히 부처님께 매달렸지요. 당신을 살려달라고, 꼭 살아나야 한다고, 그런데 닷새가 되던 날 이른 아침 병원에서 전화가 왔지요. 가슴이 덜컥 내려앉았지만 당신이 가족을 찾는다는 거였어요. 그때의 기쁨과 감사함을 무엇에 비견하리오. 당신은 실눈을 뜨고 겨우 우리를 알아보는 정도였고 필담으로 의사소통을 시도하긴 했지만 며칠 만에야 간신히 의중을 알아차릴 정도였으니 그 과정은 말할 수 없이 안타깝고 힘겨웠지요. 그래도 일단 뇌에는 이상이 없다는 안도감에 그마저도 감사할 따름.

그 후로 기적과 같은 일들이 벌어졌다오. 어찌어찌 지옥과도 같은 날들을 거쳐 일반병실로 옮긴 지 열흘 만에 관상동맥우회술 결정을 위한 검사에서 혈관 두 가닥의 혈전이 저절로 녹아 스텐트시술만 해도 되었을 때. 갈비뼈까지 부러져 옴짝달싹도 못하는 상태에서 수술을 하지 않아도 된다는 것만으로도 뛸 듯이 기뻤다오. 그러나 며칠 후 스텐트시술 과정에서 또 다시 심정지가 왔고 의료진이 떼로 몰려 들어갈 때의 절망감, 그래도 의사의 표현대로 불사조처럼 다시 살아났다는 안도감, 그러나 또 다시 중환자실에서 상황을 지켜봐야하는 피 말리는 시간들, 지나간 기억이지만 아직도 어제인 듯 생생하다오.

그래도 어쨌든 당신은 살아났고 뼈에 가죽만 남은 몰골이었지만 50일 만에 퇴원을 했지요. 물론 상태가 썩 좋은 것은 아니었고, 의사도 포기한다던 혈관 한 가닥이 남아있어 체력이 바닥난 상태에서는 아무것도 할 수 없으니 몸을 만들어오라는 퇴원이었지만 그날 귀가해서 온 가족이 붙들고 엉엉 울었던 것 당신도 생각나오? 만감이 교차하던 울음이었을 테지요. 그때부터 철저한 식이요법과 함께 섭생에 매달린 두 달 후 또 다시 재입원을 해서 수술 여부를 결정하기 위한 각종 검사를 하면서도 나는 얼마나 걱정이 많았는지 모른다오. 아직 몸이 회복 중에 있는데 수술을 해야 한다면 또 다시 얼마나 힘든 시간과 맞닥뜨려야 하는지 생각만 해도 끔찍했기 때문이지요. 그런데 또 이게 웬일? 완전히 포기했다던 혈관도 살아나 이번엔 수술은커녕 시술할 필요도 없다는 거 아니겠어요?

연거푸 일어난 기적을 어떻게 설명할 수 있을는지! 의사도 처음 겪는 일이라 하니 당신은 정말 천운이 겹친 사나이가 분명하다오. 처음 사고 났을 때부터 기적의 전조는 있었지요. 그날 농장에서 오지 않았다면, 운전 중에 그리 되었다면, 한의원에 가지 않았더라면, 12층 아파트 안에서 쓰러졌더라면 어떻게 되었을까 아찔하다오. 뿐만 아니지요. 나중에 수소문해 보니 마침 지나가던 부부가 그 장면을 목격했고 부인은 119에 신고를, 남편은 심폐소생술을 시행해주었다오. 그것도 마침 남편이 며칠 전에 민방위 교육 중 심폐소생술 교육을 받은 터라 용감하게 달려들었다 하오. 큰 길 가까이여서 구급차도 빨리 도착했고 종합병원도 인근이라 처음 쓰러졌을 때로부터 응급조치를 하고 병원 응급실 도착까지의 시간이 불과 25분이었다는 건 당신의 생명이 아직 귀히 쓰여야 하기 때문이 아닌가, 하오. 1년이 넘은 지금까지도 생각하면 감격의 떨림으로 가슴이 벅차오른다오.

여보, 정말 고맙소. 당신이 옆에 있어 주어서, 우리 가족에게 남편으로 아빠로 남아있어 주어서, 새삼 당신에 대한 고마움이 가슴에 사무치는구려. 평생 약을 복용하며 섭생에 힘써야 하는 등, 살얼음판처럼 조심조심 살아야 하지만 당신이 없는 삶은 상상조차도 안 되오. 그런데도 요즘 가끔은 그 사실을 잊을 때가 있어 바가지 아닌 바가지 긁는 일도 늘고 있으니 참, 사람 마음처럼 간사한 것 없는 것 같구려.

다섯 번째 계절이 바뀌어가고 있어요. 계절의 변화에 수순하는 것이 인간사에 수순하는 것과 같다는 생각을 하오. 당신도 벌써 흰 머리가 희끗희끗, 우리의 찬란했던 젊음도 순식간에 지나간 것 같소. 이제 다가올 겨울만 남았듯이 우리에게도 겨울이 저물녘 어스름을 데리고 오고 있다오. 언젠가는 이파리 다 떨군 나목처럼 생의 겨울을 맞게 되겠지요. 그때까지 아프지 말고 서로 다독이며 남은 생을 아름다운 낙조로 물들여갑시다.

창밖 하늘이 어찌나 맑고 투명한지 이제야 내 품에 들어온 저 하늘의 쾌청함이 지극하다오. 당신과 함께 오늘도 마을 둘레길을 걸으며 참으로 많은 감회에 젖어드오. 맞잡은 두 손의 온기가 어느 때보다 따스한 가을날, 당신의 어깨가 이리도 든든할 줄이야!

이정원

2002년 〈불교신문〉 신춘문예, 2005년 ≪시작≫ 등단. 시집『내 영혼 21그램』『꽃의 복화술』

사랑하는 아들에게

너를 노크하는 시간
-아들에게

고경숙

세속의 것들이 밤새 안녕한 지 궁금한 바람은 새벽부터 창문을 두드리고 다녀갔어. 세월이 지날수록 꼭 맞았던 창문틀은 느슨해지고, 그 사이를 드나드는 한기가 참기 힘들다고 밤새 덜컹거리는 걸 다독이느라 북쪽 부엌창은 내내 불면에 시달렸나 보더라. 힘든 계절엔 무생물도 꽁꽁 어는지 유리 두께만큼 하얗게 성에를 얹고, 11월은 전쟁에 패하고 귀환하는 어린 병사처럼 허허롭구나. 바람뿐만이 아니야. 사람도 한기를 느끼면 저음으로 움직이며 소리를 내지. 이를 테면 슬리퍼 끄는 소리, 신문 들이느라 현관문 살짝 여닫는 소리, 커피물 끓는 소리 등은 톤이 많이 낮고 느리지. 젊었을 땐 몰랐던 소리들이야. 곰곰 생각하다 결국

소리에도 나이가 있다고 믿고 싶어졌어. 어쩌면 내가 주로 듣거나 집중하며 느끼는 소리들은 속도와 밀접해서 나이 들며 혹은 외로워 천천히 움직이는 소리들과 닮았던 것 같아. 젊음이 주는 소리들, 경쾌한 노래 소리, 술잔 부딪는 소리, 버스 놓치지 않으려고 후다닥 뛰어가는 발소리, 예쁜 아가씨의 구두 소리들은 발랄해서 듣는 이들까지 즐거워질 때가 있거든.

생각나니? 아침이 되면 우리 집 창밖은 동요처럼 어린 새들의 놀이터가 된다는 것 말야. 서리 맞은 보도엔 변변히 먹을 것도 없을 텐데, 새들은 마냥 즐겁지. 그 '소리'를 무조건 '노래'로 단정 짓는 것은 착각일지 모르지만, 아슬아슬한 도시의 전신주에 기를 쓰고 나뭇가지를 물어 나르며 집을 짓는 저 도전정신은 적어도 습관적인 행동이나 위험을 인식하지 못하는 자포자기식 내던짐은 아니라고 생각하기에 젊음이고, 노래가 맞을 것 같아.

이 집으로 이사 왔을 때의 엄마 나이가 꼭 지금 네 나이였으니까 참 젊기도 했네. 이 집에서 오래도 살았지. 무엇이든 한 곳에 머물면 쉽게 마음을 떼지 못하는 내 성향 탓이겠지만, 그건 사실 핑계이고 재테크에 재주가 없는 것이지. 물적 가치는 형이하학적인 것이라고 에둘러 합리화시키며 살아온 삶이 내 자신에게는 그럭저럭 괜찮았는데, 막상 자식들을 염두에 두고 지금 생각하니, 하염없이 미안하고 초라해지네.

아들아, 네 나이의 속도와 소리는 어디쯤에 있을까 생각해본다. 너는 보통의 청년들보다 무척 감성적이고, 반면에 과학적 사고를 하는 사유의 폭이 넓은 사람이니까 너무 서둘지도 너무 정체해 있지도 않을 거라 짐작해. 정이 많아 주변의 사소한 소리를 잘 듣잖아. 풀벌레의 규칙적인 울음소리에 귀 기울이기도 하고, 주변의 느린 소리들을 돌아보며 보살펴주는 모습은, 네 속도가 적정하게 보폭을 유지하고 걷는구나 싶어서 바라볼 때마다 안심한단다. 어른들은 보편적으로, 적정 속도를 유지하면 인생이 무탈하다고 생각하지. 젊음의 열정이 과해 속도를 너무 즐기게 되는 모터사이클을 막는 것도 그 때문일 테고, 속도에 너무 둔감해 주춤주춤 다른 것에 신경을 쓰면 부진한 삶이 될까봐 자꾸 잔소리를 늘어놓는 것일 거야.

네가 걷는 길 위에서 만난 사람, 내 눈엔 선녀보다 더 고운 예쁜 반려자가 네 보폭에 리듬을 얹고 함께 걸어준다는 것은 축복이고 선물이야.

사계절 바람은 여자를 닮았어. 벚꽃 흐드러진 나무 사이로 원피스 자락 나풀거리며 달려와 안기는 봄바람은 이 세상 모든 것을 바쳐서 사랑만 아는, 사랑만 하는, 사랑에 빠진 여자의 표정이지. 병아리같이 종종거리는 예쁜 아가들을 데리고 꽃노래 하는 훈풍이야. 아마 네가 사소한 실수를 해도 이마에 입을 맞춰줄 거야.

역동적인 여름의 표정처럼 열도에서 불어오는 바람은 에너지를 잔뜩 머금은 열정의 노래, 지친 너를 일으켜주는 활력소가 되겠지. 머라이언의 입에서 뿜어내는 힘찬 물줄기처럼 말야. 그땐 추억의 힘으로 버티면 돼.

가을날 차분하게 내려앉는 낙엽 한두 장을 폴폴 들어 올리는 바람에 잠시 그녀가 코스모스를 보겠다고 손을 놓으면 멀지 않은 곳에서 지켜보며 기다려줘야 해. 곁눈질 하지 말고 그녀만을 주시하면서….

아, 계절은 생각보다 속도가 빨라. 제 스스로 가속이 붙어 함박눈 펑펑 쌓인 거리를 잠시 뒤엔 몽땅 날려버리며 눈보라가 치는 날도 있어. 그럴 땐 너의 안온한 품에서 풍경이 잠재워질 때까지 한없이 그녀의 머리칼을 쓰다듬어 안심시키렴. 네 여린 신부가 걱정 없이 잠들 수 있도록 오래 오래 다독여주렴. 그리고 그녀가 내는 소리(이건 언어와는 또 다른 기표야)에 자주 집중해야 해. 남자들의 톤과 여자들의 톤이 다른 것처럼 남자의 눈으로 바라보는 여자에 대한 생각이나 판단은 지극히 주관적일 때가 많단다. 흔히들 말하는 '다름'은 '틀림'이 아니라는 것을 인정한다면 그리 어렵진 않을 거야.

살아보니, 사랑이란 명분으로 내 속도에 상대를 맞추려 억지로 손을 끌어당기는 것, 상대가 속도를 안 맞춰주고 앞선다고 툴툴거리는 것, 상대의 소리에 귀를 기울이면 습관이 되고, 배려해주면 그 또한 습관이 될까봐 외면했던 일 등은 모두 어리석은 짓이더라.

목숨보다 더 사랑하는 아들아, 이제는 내가 잡고 있던 손을 놓을 거야. 아침마다 깨우며 「너를 노크하는 시간」들이 중학교 이후로 영영 없을 줄 알았는데, 그래도 4년 남짓 너를 품고 살 수 있어서 행복하고 고마웠다. 엄마가 잡고 있던 손을 살포시 그녀의 손으로 옮겨 잡거라. 코로나라는 변수가 나타나 너희들 결혼에 훼방꾼이 될 줄은 꿈에도 몰랐지만, 이런 게 인생이란다. 예고하지 못한 일을 지혜롭게 헤쳐나가는 것도 큰 배움이 될 거야. 얼마 안 남은 결혼 진심으로 축하하며 SY, JM, 너희의 미래가 누가 봐도 아름답고 본이 되길 기도할거야. 사랑한다.

추신: 티격태격 한바탕 한 날, 우리 집 부엌창을 두드리며 편 들어달라 바람에게 전갈을 보내는 사람은 네가 아니고 며늘아기일거야. 왜냐하면 우린 편먹을 거거든.

2020년 늦가을

너를 사랑하는 엄마가

고경숙

2001년 계간 ≪시현실≫등단. 수주문학상, 부천시 문화예술위원, 목일신아동문학상 운영위원장, 유네스코문학창의도시 운영위원, 부천펄벅기념관 운영위원. 시집 『모텔 캘리포니아』『달의 뒤편』『혈穴을 짚다』『유령이 사랑한 저녁』『허풍쟁이의 하품』

사랑하는 아들에게

김성희

어느덧 계절은 만추에 이르렀고, 추수가 끝난 들판에는 황금빛 햇살이 넘실대고 있다.

이 넘실대는 햇살의 만조는 우리들 마음을 일렁이게 하는 풍경의 돛이 되는구나.

올해 초에 발생한 코로나19로 많은 사람들이 공포에 휩싸였고, 사회적 거리두기라는 일상의 불편함을 겪어야 했다. 게다가 유례없는 폭우의 날들까지 덤으로 극복해야 했던 우리에게 자연은 풍요로운 수확과 아름다운 결실을 선물처럼 안겨주는구나.

사랑하는 아들! 지금 네가 있는 그곳에도 단풍 그윽이 물들었겠지?

이렇게 아들에게 편지를 쓰는 일이 무척 오랜만이구나. 편지라는 말에는 물리적 거리가 내포되어 있어, 문득 멀리 있는 네가 보고 싶어지네. 하지만 요즘같이 '사회적 거리두기'라는 새로운 패러다임에서는 오히려 SNS상에서의 소통이 일반화 되어가고 있는 것 같구나.

아들! 세상의 엄마들이 다 그렇듯이, 이 엄마도 네가 하루 5시간을 테이크아웃 커피점에서 아르바이트를 하고, 비대면 수업으로 인하여 도서관이나 카페에서 온라인 강의를 듣느라, 거의 하루 내내 마스크를 쓰고 지내는 게 걱정 아닌 걱정이었다.

네가 어렸을 때에, 누나와 숨바꼭질 놀이를 하다가 이불 속으로 숨어들었던 적이 있었지. 그때 너는 갑갑함을 견디지 못하고 자발적으로 술래가 되었던 것을 기억한다. 유달리 폴로셔츠나 마스크를 답답해하던 네가 의외로 코로나19 일상에서는 마스크도 새로운 패션이라고 말해주니 정말로 다행이고 엄마의 걱정이 괜한 기우였음을 느꼈다.

아들아, 인생이란 때로는 우리가 상상하지 못한 일들을 겪어야 하는 긴 여정이란다. 예측할 수 없는 내일의 연속에서, 가끔 예보가 빗나간 날씨의 소나기에 흠뻑 젖기도 하는 것이 우리 인생인 것이다. 그렇지만 우리에게는 지혜가 있기에 반복된 패턴을 읽고, 미래를 예측하며 나름의 준비를 함으로써 인생이라는 파도에 전복되지 않고 항해를 이어올 수 있었던 것 같다. 이번 코로나19 역시 인생의 항해 중에 마주하는 엄청난 폭우이자, 우리 인류사에 있어 하나의 분수령이 될 큰 변화의 파고라고 생각한다.

이러한 펜데믹 속에서, 학교가 휴교하고 여가 생활에 제약이 생겼으며, 하늘 길이 막히고, 문화예술 행사가 취소되는 가운데 마스크 쓰기 시행령까지 내려졌다. 이런 비일상적 체험이 미래의 삶을 예상해 보게 하는 계기가 되기도 했지. 많은 학자들이 코로나19 이후 언택트 트랜드가 삶의 새로운 연결 방식으로 채택될 것이라고 하는구나. 이미 세계적인 온라인 기반으로 구축된 사업과 기계가 노동을 대신하고 있지만, 코로나 이후 더 많은 AI가 노동현장에서 사람을 대체할 것이라고 한다.

그럼에도 불구하고, 비대면으로는 할 수 없는 일들과 AI가 대체할 수 없는 오직 인간이 해야 할 일들도 있다. 어쩌면 테이크아웃 커피점에서 커피를 만드는 일이 그 중 하나가 아닐까 싶다. 이 또한 기계나 AI로 대체될 수도 있겠지만, 엄마 생각으로는 커피를 마시는 소소한 행복은 인간의 삶에서나, 또 정신적인 영역에서나 소중한 부분이라고 생각한다. 누군가의 기호에 맞게 커피를 만들어 주는 일, 혼자 산책을 하다가 혹은 도서관으로 가는 길에 따뜻한 커피를 한 잔 사서 마시는 여유는 삶에서 누릴 수 있는 소소한 행복이 아닐까 싶다.

커피를 만들고, 빵을 만드는 노동은 지식을 기반으로 하는 일은 아니지만, 사람을 대면하고 사람과 소통하는 일은 충분히 가치 있다고 생각한다.

글쎄…, 사람을 대면하는 직업이 먼 미래에는 희귀 직종이 될지 기피 직종이 될지 아니면 예상 외로 최고의 직종이 될지 모르겠지만, 한 가지 분명한 것은 변화하는 시대에 변하지 않는 것이 인류의 진정한 가치이고 행복이자 소중한 자산이라는 점이다.

아들! 청년들의 취업의 문이 나날이 좁아지고 있는 답답한 현실에서, 테이크아웃 커피점의 직원이 꽤 매력 있는 직업이 될지도 모른다는 상상에 혼자 웃어본다. 이런 상상을 한다는 건 코로나19 이후 삶의 양식, 직업의 선택 기준, 문화 향유 방식 등 많은 것들이 달라질 교차점에 우리 아들이 서 있다는 뜻이겠지. 『호모 데우스』의 저자 유발 하라리에 의하면 인류는 눈에 보이지 않는 거짓말이나 허상을 잘 믿는 특성으로 인해 오늘날 위대한 과학 문명과 찬란한 문화를 이룩한 만물의 영장이 되었다고 한다. 인류는 눈에 보이지 않는 허상을 실현하고자 하는 노력으로 인해 만물의 영장이 되었지만, 역설적이게도 눈에 보이지 않는 바이러스라는 대상에 의해 나약한 존재가 될 수도 있음을 코로나19가 여실히 보여주고 있구나.

그러나 아들, 인류는 전쟁, 기아, 기후, 질병으로 늘 위협받아 왔었다. 지금도 그 문제들은 우리에게 위협적이고 해결해야 할 과제로 남아 있다. 인류는 불안한 현실을 살면서도 높은 차원의 사고와 건강한 미래를 지향함으로써 지금껏 숱한 역경을 딛고 찬란한 문화와 문명을 이뤄냈다. 그러니 지금 인류에게 닥친 펜데믹에서 목하, 백신 개발이 시급한 과제이지만 더 중요한 것은 먼 미래의 인류의 행복과 깨끗한 자연환경을 위해 힘쓰는 일인 것 같구나.

미래는 펜데믹에 의해서 사회가 폐쇄적으로 변해가고 '혼자'에 적합한 삶의 구조로 바뀔 수도 있다. 그러나 펜데믹이 전화위복의 기회가 되어 사람들은 보다 평화를 지향하고, 자연친화적인 환경에서 느림과 공존의 미학으로 삶을 살아가는 될 것이라는 생각을 해 본다. 언택트 시대에 맞는 삶의 방식으로 자연과 예술을 한층 가까이 하면서 새로운 문화를 꽃피울 우리의 아들들이, 코로나19가 인류에게 던져준 화두에 긍정적인 해답을 내릴 것이라고 믿는다. 그렇게 하기 위해서 우리 아들, 항상 건강하고 공부도 열심히 하기를 바란다.

가을이 깊어 단풍이 예쁘구나.

김성희

부산 출생, 2015년 계간 『미네르바』로 등단, 시집 『나는 자주 위험했다』 2020년 한국방송통신대학교 국문과 졸업.

편지를 받지 못한 미지의 독자에게

이승하(시인 · 중앙대 교수)

2019년 마지막 날에 이 땅의 많은 사람들이 해돋이 광경을 보러 동해로 몰려갔습니다. 그날과 다음날 영동선 고속도로의 체증이 아주 심했다고 언론은 보도했습니다. 다들 막 떠오르는 해를 보며 소원을 빌었겠지요. 나를 위해, 우리 가족을 위해, 세상사람들을 위해. 그때만 하더라도 누가 알았겠습니다. 2020년 2월부터 온 세상이 코로나 팬데믹 세상이 될 줄을. 부르기도 좋은 2020년! 하지만 3월부터 전 지구는 바이러스와의 싸움에 돌입하게 됩니다. 지금까지 백신 개발을 기다리며 수백 만 명이 목숨을 잃었고, 지금도 매일 사람들이 이 병에 걸리고 죽어가고 있습니다.

건강신문사는 지난 30년 동안 우리들의 건강을 위해 일해 온 언론매체입니다. 우리 몸의 건강은 의사와 간호사, 약과 주사가 해결할 수 있겠지만 팬데믹으로 말미암은 영혼의 상처는? 지금 우리는 다들 눈뜬 채 겨울잠을 자고 있는 셈입니다. 사실상 다들 집에서 자가격리를 하고 있는 것입니다. 대문 밖에 나갈 때 반드시 마스크를 써야 합니다. 어디를 가든 발열 상태를 확인받아야 하고, QR코드 체크를 받아야 하고, 전화번호라도 남겨야 하고…. 매일 전날의 확진자 수를 확인합니다. 확진자의 동선을 살펴보며 불안해하고, 지인의 확진 소식에 가슴이 덜컥 내려앉고….

이런 상황에서 건강신문사에서는 총 29명 여성시인으로부터 글을 받았습니다. 위로의 글, 격려의 글을. 왜 하필 여성한테서만 글을 받았느냐고 물어보았습니다. 윤승천 대표는 지금 우리에게 필요한 것은 여성성이 아니겠냐고 합니다. 모성이라고 해도 되겠지요. 생명을 낳아서 그 생명에게 젖을 먹이며 키운 이 세상의 모든 어머니가 갖고 있는 그 모성의 힘으로 이 위기를 이겨낼 수 있을 거라고 생각한 모양입니다. 슈펭글러인지 H.G. 웰스인지 모르겠습니다. 세계 역사 저술을 하면서 이런 말을 했다고 하지요. 인류가 수많은 전쟁을 했지만 여성이 전쟁을 일으킨 당사자인 경우가 없었다고. 자기 아들을 전쟁터로 보내야 하는데, 그런 끔찍한 일을 모의한 여성은 한 사람도 없었다고 합니다.

지금 우리에게 필요한 것은 어머니의 목소리입니다. 따뜻하고 다정하고 향기로운 목소리가 담겨 있는 이 29통의 편지는 코로나19 바이러스로 상처받은 우리의 마음에 큰 위로가 되리라 생각합니다.

제가 원고를 죽 보면서 교정도 보았습니다. 원고 체제를 통일하는 과정에서 연이 너무 많으면 좀 줄이기도 했습니다. 맞춤법과 띄어쓰기를 바로잡는 과정에서 문장이 살짝 고쳐진 곳도 있을 텐데, 제가 한 짓이니 용서해 주십시오.

권이화 님은 택배를 전하는 할아버지께 편지를 썼습니다. 우리 사회에 가장 필요한 덕목인 온정, 배려, 관심 같은 것에 대해 다시금 생각하게 해주는 글입니다. 사실 우리네 삶이란 누군가의 도움으로 이뤄지는데 우린 그것을 망각하고 살아가고 있지요.

권정일 님은 일종의 행복론을 잔잔한 목소리로 펼치고 있습니다. 이른바 행복지수는 물질이 해결해주는 경우가 많지 않지요. 가난한 자는 김밥 한 줄로도 마음까지 배부른데 재벌은 늘 돈

걱정을 하며 산다지 않습니까. 행복의 척도를 재보았습니다.

권혁희 님은 주변에서 일어난 온갖 비극적인 죽음에 대한 회상기를 쓰면서 생의 비극성에 대해 눈물짓습니다. 사람마다 정도의 차이는 있겠지만 다 비극의 주인공입니다. 너무나도 가슴 아픈 사연이 많아 읽는 내내 가슴이 저렸습니다.

박수현 님은 남편을 잃는 작은언니를 위로하고 있습니다. 갑작스레 사별을 겪고 낙담해 있는 이에게 형제의 격려 한마디는 큰 위안이 되는 법이지요. 영화나 문학작품 중에 형제간의 우애를 다룬 것은 많지 않은데 이 글은 그런 점에서 더욱 돋보입니다.

박혜원 님은 젊은 첼리스트에게 쓰는 편지 형식으로 인생론을 전개합니다. 자기 일을 사랑하면서 뚜렷한 목표를 가지고 노력하는 사람 앞에서 재앙의 사신은 물러감을 역설하시는데 십분 공감합니다. 첼리스트의 이름을 기억하고 앞날을 기대하겠습니다.

서정임 님의 서간문은 고생하는 택배기사 님께 쓴 위문편지입니다. 아파트 3층에 살고 있는 저도 어떤 날은 미안한 마음이 들기는 하지만 택배기사 님께 음료수 한 병 드리지 못했습니다. 초인종이 울려 나가보면 그새 가고 없습니다. 아아 착한 서 시인!

윤준경 님은 아홉 살 재성에게 편지를 씁니다. 재성이는 이 편지를 오래 간직할 것이고 인생의 크나큰 지침으로 삼을 것입니다. 세파에 시달릴 때마다 편지를 꺼내 읽으며 용기를 낼 것입니다. 연애도 성공시킨 편지의 힘을 지금 아이들은 모를 겁니다.

이현서 님은 일상에서 누리는 작은 행복에 대해 들려줍니다. 식구가 같이 밥 먹고 얘기 나누고 어디에 같이 가고. 이런 행복이 멀어지고 있는 이 시대에 어떻게 살아야 할지 낮은 목소리로 들려줍니다. 서로를 더욱 아끼고 배려하는 수밖에 없지요.

전길자 님은 폐암 진단을 받은 남편이 재생의 길을 걸어가는 것을 보면서 일상의 중요함을 새삼스레 느끼고 산책길에서도 이웃과 인사를 기쁘게 나눕니다. 나날의 삶 자체가 기적이고 축복임을 깨달은 과정을 조용조용히 얘기합니다.

조연향 님은 모든 생명체의 존귀함을 역설하고 있습니다. 신체를 구성하고 있는 뼈와 장기를 찍은 사진을 보고 새삼 내 몸부터 거룩한 하나의 생명체임을 실감하고, 벗들과 이웃의 아픔을 헤아려 봅니다.

최동은 님은 암에 걸려 투병 끝에 저승이 아닌 삶의 세계로 돌아온 지인의 경우를 보면서 삶 자체가 얼마나 큰 축복인가를 말해줍니다. 건강할 때는 자신이 누리는 행복이 행복임을 모르는데 아파보면 모든 과거가 행복이었고 축복이었던 것이죠.

한미영 님의 글은 동생에게 쓴 서간문인데 힘들게 통과했던 성장기의 나날을 회상하고 있습니다. 서러웠던 시간을 공유하고 있기에 더욱더 자매간의 우애가 돈독해졌을 것입니다. 상처를 봉인하고 이제 서로 위로하고 격려하면서 사는 수밖에요.

권순자 님이 어머니에게 쓴 편지는 감에 얽힌 추억으로부터 시작됩니다. 지금도 감을 보거나 감을 먹을 때면 엄마 생각에 가슴이 울컥할 겁니다. 저는 시금치나물을 먹을 때 그렇습니다. 어머닌 가게 일에 바빴고 저는 1년 내내 똑같은 반찬만 먹었지요.

김밝은 님이 어머니 모시고 갔던 고향 나들이에 저도 동행한 느낌이 들었습니다. 이번에는 꼭 세발낙지 사드리시고요. 효도할 수 있는 어머니가 살아 계시다는 것이 행복입니다. 천애의 고아가 된 저는 명절만 되면 제주祭酒를 혼자 마시면서 웁니다.

김서은 님은 돌아가신 할머니와 연로하신 어머니에게 편지를 썼습니다. 두 분에 대한 사랑이 고스란히 전달되는 정겨운 추억담입니다. 할머니와 어머니에 대한 따뜻한 기억이 서은 님을 시인의 길로 걸어가게 했을 것입니다.

나고음 님은 친구와 수십 년 만에 통화를 하곤 과거 여행을 합니다. 하늘나라의 시어머니께 편지를 올리면서 시도 동봉합니다. 고부지간은 참 묘한 사이인데 이런 편지를 읽으니 마음이 푸근해집니다. 그만큼 고음 님의 마음이 곱기 때문이겠지요.

문숙 님의 어머니는 일찍 떠난 남편의 몫까지 하셨고, 마지막 날까지 자기희생으로 일관하셨습니다. 몸도 불편하셨다니 그 희생정신이 눈물겹습니다. 자식에게 잔걱정이라도 안 하게 하려고 그렇게 애를 쓰셨군요. 엄마에 대한 딸의 마음 잘 아실 겁니다.

어머니와 7년이나 소식을 끊고 살았다는 유현숙 님, 어머니와 멀어졌던 만큼 더 가까워져 안도의 한숨을 내쉬었습니다. 알츠하이머로 고생하는 분이나 그 가족이 요즘 부쩍 많아진 듯합니다. 우리 모두 서로 아끼고 챙겨도 인생은 순식간에 가더군요.

조정인 님은 3년 전에 돌아가신 어머니에게 편지를 씁니다. 부칠 수 없는 편지인 거지요. 모든 자식은 불효자식인데 어머니를 여읜 이후에 자신이 불효자임을 압니다. 평소에 바쁘다고 전화를 빨리 끊곤 했던 본인을 자책하고 있습니다. 왜 그랬어요?

하두자 님은 돌아가신 어머니의 말년에 제대로 효도를 못 해드린 데 대한 회한이 참으로 큽니다. 사실 효도란 게 별게 아니지요. 따뜻한 말 한마디, 같이 하는 식사, 같이 하는 외출 정도 외에 뭐 표 나는 효도가 있겠습니까. 그 회한, 제가 잘 압니다.

한영숙 님의 사연은 소설로 써도 장편소설이 되고 드라마로 써도 장막 드라마가 될 내용입니다. 한국판 여자의 일생이 가슴을 아프게 찌릅니다. 어찌 그런 고생을! 중증치매노인이 된 어머니를 돌보는 동생분은 부처님의 현신이 아닌가요. 감동의 폭우!

황경순 님은 35년 동안 시아버지를 모시고 살았으니, 옛날 같으면 효부상이라도 받았을 것입니다. 시아버지에 대한 정과 사랑이 넘쳐나는 글입니다. 요양병원에 모실 수밖에 없는 상황인데, 그것에 대한 안타까움이 진한 감동으로 와 닿습니다.

교직을 정년퇴임한 남편에게 따뜻한 위로의 편지를 전하는 강미숙 님. 남편분은 세상에서 제일 행복한 분이라는 것을 알까요? 잔소리도 투정도 사랑의 표현 방법이지요. 저는 지금까지 아내한테 편지를 열 번쯤 썼는데 한 번도 답장을 못 받았습니다.

고명자 님은 직장암으로 투병하는 남편 곁에서 5년 동안 한결같은 사랑으로 보살핀 위대한 아내입니다. 위대한! 지칠 때도 있을 텐데 한결같은 마음으로 보살핀 것은 남편을 사랑하기 때문이며 두 아이를 사랑하기 때문이겠지요. 사랑은 위대한 것입니다.

송소영 님은 남편이 직장을 나오고 나서 우울증으로 힘들어 할 때 '함께 걷는 것'을 생각했군요. 산티아고 순례길에서 두 분은 '함께 걷는 것'이야말로 부부의 길임을 알게 되었습니다. "다정한 연인이 손에 손을 잡고 걸어가는 길"이란 노래 아세요?

남편을 먼저 보내고 이숙이 님은 당신이 내게는 우주보다 컸다고 말합니다. 얼마나 사랑했으면. 얼마나 보고 싶으면. 시 한 편은 「망부가」를, 한 편은 「치술령곡」을 방불케 합니다. 그리움이 펜을 들게 했으니 주옥같은 시편이 더 많이 나올 것입니다.

이정원 님의 남편분은 죽을 운이 아니라 살 운이었고, 그 중심에 바로 시인이 있었습니다. 부부간의 사랑의 끈이 이렇게 튼튼할 수 있구나, 읽는 내내 감동하고 감탄했습니다. 헬렌 켈러를 다룬 영화의 제목 '기적은 사랑과 함께'가 생각났습니다.

고경숙 님의 아들에게 쓴 편지는 교과서에 실려도 좋겠습니다. 아들에 대한 믿음과 며느리에 대한 사랑이 차고 넘칩니다. 이런 편지는 대대손손 집안에 가보로 물려주어도 좋겠습니다. 하하, 이런 편지 받았으니 아들과 며느리는 부부싸움도 못하겠습니다.

아들에게 쓴 김성희 님의 편지는 이 시대 모든 젊은이에게 모든 어머니를 대표해서 쓴 편지라는 인상을 받았습니다. 사람이 사람을 피해야 하는 팬데믹 시대에 우리가 지켜야 할 것, 아껴야 할 것, 사랑해야 할 것에 대해 말한 금언이니까요.

이상 29명 여러분의 서간문을 읽고 촌평을 써보았습니다. 다섯 번 정도 읽다 말고 눈시울이 뜨거워져 휴지를 뽑아 눈물을 닦고 나서 읽었습니다. 저는 바로 이 건강신문사에서 『시가 있는 편지』와 『한밤에 쓴 위문편지』라는 서간문집을 낸 바 있습니다. 전자는 문인들에게 쓴 편지글만 보아서 책으로 낸 것이고 후자는 병원의 환자분들에게 쓴 위문편지입니다. 『시가 있는 편지』를 본 어느 문학평론가가 제게 '편지주의자'라는 별명을 붙여주었고, 저랑 친한 또 다른 문학평론가는 자기한테 준 편지가 이 책에 안 실려 있다고 화를 내기도 했습니다. 물론 웃으면서, 제 부모님 두 분이 다 암으로 돌아가셨는데 병상을 몇 달씩 지키면서 읽을 책이 없어 답답했습니다. 그래서 구상한 책이 『한밤에 쓴 위문편지』입니다. 두 분의 병상을 지키면서 쓴 메모장의 낙서는 낱낱이 시로 변하여 작년에 『생애를 낭송하다』란 시집을 내기도 했습니다.

인간으로 태어난 이상 생로병사의 수레바퀴를 누가 벗어날 수 있겠습니까. 누구나 다 가는 그 길을 우리는 지금 함께 걸어가고 있습니다. 우리는 시인이기에 우리의 경험과 감정을 이렇게 글로 표현해 보았습니다. 여러분이 정성스럽게 쓴 글 잘 읽어보았습니다. 제 딴에는 꼼꼼하게 교정도 보았습니다. 여러분들 모두 다른 지면에서 뵙도록 하겠습니다. 코로나 사태가 끝나면 좋은 모임 자리에서 만날 수 있겠지요? 참으로 고운 글, 감동적인 글을 쓰신 여러분 모두에게 인사를 드리며 해설 쓰기를 마치겠습니다.

2020년 11월 15일

이승하 올림

이승하

1984년 〈중앙일보〉 신춘문에 시 당선. 1989년 〈경향신문〉 신춘문에 소설 당선. 지훈상, 시와시학상, 가톨릭문학상, 편운상 등 수상. 시집 『나무 앞에서의 기도』, 시론집 『시詩 어떻게 쓸 것인가』, 평론집 『욕망의 이데아』 등 다수 있음. 현재 중앙대학교 문예창작학과 교수.

세상의 존귀하신 분들께

초판 1쇄 | 2020년 11월 25일

저　자 | 유현숙 외 28
발행인 | 윤승천
발행처 | (주)건강신문사

등록번호 | 제25100-2010-000016호

주　소 | 서울특별시 은평구 가좌로 10길 26
전　화 | 02)305-6077(대표)　　팩스 02)305-1436 / 0505)115-6077

인터넷건강신문 | www.kksm.co.kr / www.kkds.co.kr
한국의첨단의술 | www.khtm.co.kr

ISBN 978-89-6267-109-4 (03810)